作文で読む
菊池学級の子どもたち
書くことで人間を育てる

菊池省三
Syozo Kikuchi

はじめに

　全国を行脚し、多くの学校を訪問させていただく日々を続けています。

　行った教室で、
「こんなことを書くことにも苦労するのか…」
「この教室は、日常的に書く指導を行っていないな…」
「これだけ書けないと、普段の授業はどうしているのだろう…」
と思うことが、正直少なくありません。

　多くの学校には地域の「○○スタンダード」とか、「△△ベーシック」と名づけられた指導法があり、それに基づいて授業をすることが求められています。
　一方で、小学校では2020年度（令和2年度）から新学習指導要領が全面実施されますが、そのポイントは「主体的・対話的で深い学び」です。
　私は、この「主体的・対話的で深い学び」を支える力として、「圧倒的な読書量」「圧倒的な書く力」「圧倒的なコミュニケーション力」「圧倒的な語彙量」「圧倒的な読む力」「圧倒的なパフォーマンス力」「圧倒的な関係性」といったものが必要だと、常々主張しています（「菊池省三が考える『授業観』試案③」を参照してください）。

　その中でも、私は「書くことは、考えること」という考え方に立ち、日常的に書くことで子どもたちを育ててきました。
　菊池実践の核は、「書く」ことであるともいえます。
　2010年度（平成22年度）に担任したお子さんの一人に古賀優実さんという子がいました（本書の中でもいくつかの作文や当時の様子を紹介しています）。そこでも書いていますが、2019年7月に東京で開催した「第7回菊池道場全国大会」の場で「『菊池実践』を証言する」というパネルディスカッションを行い、古賀さんにパネリストとして参加していただきました。その際、当時を振り返りながら、「書く」ことについて次のように語ってくれました。

「書くことで自分の意見を自分で確認する。そして、その自分の意見をみんなに発信する。さらに菊池先生から意見、アドバイス、ほめ言葉を返してもらう。それを次の『成長ノート』や『私の本』につなげていく。そのサイクルが、1年間行われ、私たちの成長を支えてくれていたかなと思います」

　私の考えていた書くことの目的を、10年経った今日まで、はっきりと覚え、かつ自覚してくれていたことをとても嬉しく思いました。

　私のドキュメンタリー映画をつくってくださった筒井勝彦監督は「『菊池学級の子どもたち』を見てどのように感じたか？」と映画を見た人からの質問に対し、「迫力が違う」と答えられていました。
　また、ある編集者の方は、『菊池学級の子どもたち』のことを「透明感があふれている」と評してくださいました。
　「圧倒的に書く」ことを軸として、「みんなと対話をする経験」を積み、「誰かに提案する経験」を重ね、「みんなを巻き込んで活動する経験」を通して、骨太の個が確立した集団を育てようと実践をしてきました。
　そうした私の取り組みを手元に残っていた資料の中から発掘し、整理し、振り返ってみようと企画して出来上がったのが本書です。
　今こうして作文を読み返していると、当時の教室の子どもたち、そして私のめざしていた思いが蘇ります。
　たくさんの作文を整理して、つぎの4つの章にまとめました。

　　第1章　書くことで自分を見つめる
　　第2章　書くことで社会とつながる
　　第3章　圧倒的に書く
　　第4章　授業の中で書く

　まだまだ読んでいただきたい作文がたくさんあります。続編につながることを期待して、第一弾をお届けします。

　　　　　　　　　　　　2019年10月2日　菊池道場　道場長　菊池省三

もくじ

はじめに » 2

第1章 書くことで自分を見つめる
❶成長ノート（言葉ノート）» 6
❷私の本（冬休みノート）» 29
❸成長新聞 » 78

第2章 書くことで社会とつながる
❶コミュニケーション大事典 » 96
❷メールマガジン（メルマガ キッズ）» 124
❸新聞　投稿、記事掲載 » 150

第3章 圧倒的に書く
❶個人文集 » 160
❷修学旅行のしおり » 173
❸名言集、卒業文集 » 183

第4章 授業の中で書く
● 38倍表現が上手になるコツ、外来語ハンドブック » 196

おわりに » 204

プリントのダウンロードの方法 » 206

書くことで自分を見つめる

❶
成長ノート（言葉ノート）

❷
私の本（冬休みノート）

❸
成長新聞

1 成長ノート（言葉ノート）

　本書の最初に、私の実践の柱の一つである「成長ノート」について紹介します。

　これまでに書籍や講演の場などでお伝えしてきましたが、私がコミュニケーション教育に入っていったきっかけは、1990年度（平成2年度）、6年生を担任した時に、皆の前で簡単な自己紹介ができずに泣き出してしまった子どもの姿を目の当たりにしたことでした。

　本当に驚きました。本書の第3章で紹介しますが、私は教師になった3年めのときに、作文で「大作」を書くということにあこがれて、原稿用紙100枚以上書いて個人文集にまとめるという取り組みをしていました。そんな実践を一緒にした子どもたちとは全く違う子どもたちが目の前にいたことの驚きです。

　平成になったばかりの頃で、私の教師生活も10年になろうとしていましたが、経験を少しずつ積む中で目の前の子どもに変化を感じ始めました。ただ、学校現場は旧態依然としていて、社会や子どもの変化に対応しきれていないのではないかとも思い始めていました。

　友達同士の関係ができていない集団の中では、安心して自分を見せることができないのだということに気付きました。単純ですが、「1年間で、人前でひとまとまりの話ができる子どもに育てなくてはいけない」と思いました。それに対応するために「コミュニケーション教育」という方法を選びました。

　私を教師として育ててくださった桑田泰佑先生からは、「昔から『書くことは、考えることだ』と言われている、我流に走らないできちんと作文指導の歴史と理論に学びなさい」と、よく言われていました。そう

❶成長ノート（言葉ノート）
▼

　したご指導もあって、コミュニケーション教育を進めるのと同時に、書くことを軸とした実践もさらにおし進めていきました。
　取り組みを始めた当初は、「言葉を大切にしよう」という思いを込めて、子どもたちに「言葉ノート」、あるいは「話し言葉ノート」というタイトルをノートの表紙に書かせました。以降の現物をご覧いただければお分かりいただけると思いますが、内容的には今日の「成長ノート」と同じです。このノートを核として、言葉の指導を行い、その指導を通して人間を育てようとしたのです。
「成長ノート」は、私の実践の中の根幹になるものです。地域や生活環境が厳しい子どもたちを、「一人前の人間として成長させたい」という強い思いから生まれた作文指導ノートです。「成長ノート」では、書くテーマを教師が指定します。目の前の子どもたちにとってそのときに最も必要だと思うテーマを考え、与えます。
　成長ノートと名づけたこのノートを一言で表すならば、「教師が全力で子どもを育てるためのノート」です。担任である教師が、子どもを公（社会）に通用する人間に育てようと、自分の信じる価値観をぶつけ続け、それに子どもが真剣に応えようとするノートです。「成長ノート」には、子どもを変える力があると確信しています。
　次ページ以降の「成長ノート」の現物をお読みください。私の書き込んだコメントにも注目していただけたらと思います。
　実践を始めた当初は、時には厳しいコメントを書き込んでもいます。教師である自分が、子どもと本気で接する姿を通して、子どもの中の本気を引き出そうとしていたように思います。ときには、子どもの前にノートを置いて、書き込みをしながら指導をしたこともあります。
「○○さんは、…」と職員室で子どもの愚痴を言っていても何も変わりません。変わらないどころか悪くなっていくばかりです。教師の本気に対し、子どもは本気で返してくれるのです。
「成長ノート」の具体的な実践方法については、「人間を育てる　菊池道場流　作文の指導」（2015年4月・中村堂）に詳しくまとめています。

第1章 書くことで自分を見つめる

成長ノート（言葉ノート）

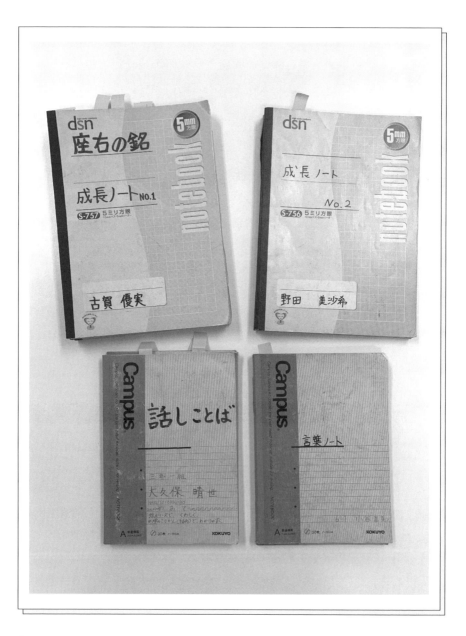

❶成長ノート（言葉ノート）

「聞くことについて　他」話しことば No.1

大久保晴世／1991.10.08-09

十月八日（火曜日）

「聞くことについて」

一学きのころ私は先生のお話を手あそびもせず、じっと聞いていました。けれども、二学きになってから、先生のお話のと中に手あそびやおしゃべりをするようになりました。
聞くというのは、とても大切なことです。聞かなければ、分からないしもんにも答えられません。先生から注意される前に自分で直します。

（先生、おへんじを下さい。）

「スピーチのことについて」
この前、梁田先生がみえられた時、私は五人の中にえらばれて、スピーチをしました。ほめられた所がたくさんありました。木村しょうた君、石橋さち子さん、中尾りゅう介君、私、みんなのこともほめられました。とてもうれしかったです。
これからも、ほめられたことを元に、がんばります。

十月九日（水曜日）、十月十日（木曜日）

友だちに「せを手があがらないの」と聞くと、ふしぎそうな顔をして、首をかしげる。
なぜなのだろう。
私はすぐに手をあげる。手があがらない人は、分からないのかな？それともはずかしいのかな。私はふしぎだな。
なぜ、そう思って手をあげないのか。私だって思ってるよ。でも思っても手をあげられて、まちがえるのと、分からない、はずかしいで手をあげないのとは、どまちがえるのは、いいことです。けっしてはずかしくないんだよ。これからこれをわすれずに、じしんをもって……。

（ポストを使って、この大きさその考えをみんなになげかけてみて下さい。別の手紙の形、指導？）

こえ気づくよくがんばってみようね。
はい
いいアイディア
ありがとうございます

10/19　今（今）は、生きていると思いますか。
かすかに……
さすが晴世、じっていている。心と頭を
うごかしているう明るき。
せつせつとつもりつゝ思い出して
せつしょしているところ。
はい、
ニコニコ笑顔　心もあったかき、心と顔
うごいています。

第1章 書くことで自分を見つめる

◯「三ノーからなくしたい言葉、あふれさせたい言葉」話しことば No.1 ◯

大久保晴世／1991.10.29

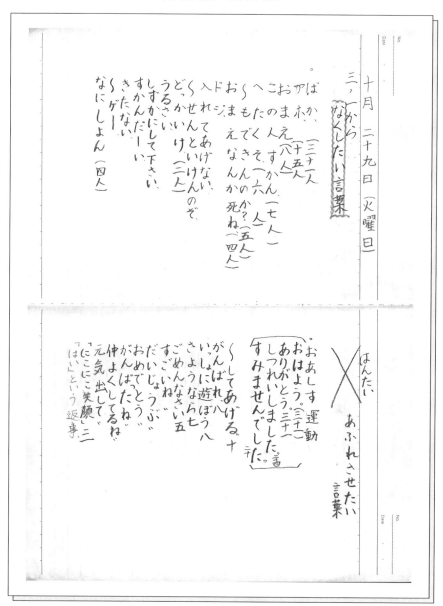

❶成長ノート（言葉ノート）

○「スピーチと仲よしのかんけい、聞くときのめあて」話しことば No.1 ○

大久保晴世／1991.11.07・08

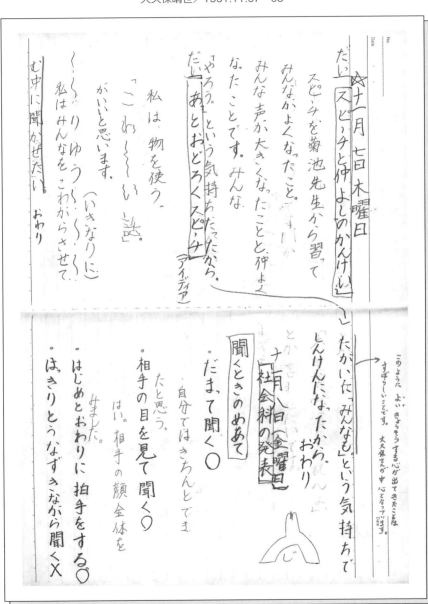

○「二人組で本気に聞きあう、明日がんばること」話しことば No.2 ○

大久保晴世／1991.11.25・27

☆毎週日曜日六時から。

11/25
二人組で本気に聞きあう

十一月二十五日月曜日

良い所を見つけあうということは相手の気持ちを考えてありません。はずかしいと思う前にでしょう。はずかしいといったらきりがはずかしくて見れないというりゆう自分では、とても反省しています。の目が見れないからだと思います。私もそうなのですがとなりさん

先生、私はとても良い人をみつけましたよ。だれかがいわれましたが二人(おとなりさん)で「あなたよ、こんな方のが」がかたよ「前よりよくなったかな」と、二人で会話のようにいいあっていしたよ。これは二人で本気にきくと、つながるのですがしっかり聞くと、良い所がたくさん出てくることでしょう。

〈母から一言〉晴世からの要望で一言書かせていただきました。「話しことば」のこのノートを見ると、こんな事までどうったかしらと、むかしなつかしい要なことを書いていますよ。話す事のみではなく、思いやりの気持ちや、お友達との学校生活の過ごし方を考え方まで養えている様で先生に感謝しています。

十一月二十七日水曜日
明日がんばること

①詩を読む時は、みんなの顔のひょうじょうを見ながら言う。
②聞く時はぜったいにぜったいに目線を外さない。

①りゆう みんなは、私のおはなしをどんな顔で聞いてくれているのかなぁと思うから。
②りゆう 私は中尾君から目線を外さないで聞かれたことがあります。私は、そんなうれしい気持ちを話している人に伝えたい。

❶成長ノート（言葉ノート）

「二学期のスピーチのがんばりについて」話しことば No.2

大久保晴世／1991.12.09

十二月九日月曜日

○二学期のスピーチのがんばりについて

二学期間、スピーチをやってきて私は、「何でも動作は少しオーバーにする」ということと、「しんけんに聞き合う」ということを学びました。とくに私は、「しんけんに聞き合う」ということはできませんでした。

・「五つのがんばることについて自分のやる気は、陰、ひなたを作らないあまりやったことのないことですがあまりだから三学期はぜったいにしない。

「二学期まで気がゆるんでいたから、三学期はキビキビしてがんばるぞ」

本当のほんとうに二学期まで気がゆるんでいたのです。後になってこうかしてます。三学期はそんなことはしません。

せんでしたから、このスピーチを菊池先生と桑田先生から習っておぼえました。

それからは色々としかりおぼえました。

「動作はオーバーに」というのはついこの前の事です。

三学期はいままで習ったこと（学んだこと）をいかして、いい、いい、とても良いスピーチをつくります。（やくそく）

そのために、よい話しぶりを、テレビや友達などうつしてみよう。聞き方を考えるどんな動作がいいか考えられるね、指も。

全部こういう風にまとめてみます。

五つ、後でこうかいをしないで、良いなと思います。

一番よい自分のすがたを頭の中でいつも絵にして、それに近づくようがんばりたいね。

「みんなで決めた約束」話しことば

古賀仁子／1994.10.28

10/28

みんなで決めた約束
「朝一周走って運動をするしプールの目的は朝さわやかにみんなでスタートする為に決めたら」

かばんをロッカーに入れる。
一周走ったら鉄ぼうをする。
時間があればみんなで遊ぶ。

八時三十五分教室にもどって朝自習の用意
八時四十分からすぐに朝自習をする。

この約束はみんなで決めたものです。私もみんなの一人です。責任を持って実行します。

今日はインタビューとか自習とか、けいれんとかいろいろ大変だった。田熊くんだって、仕事で、朝の会も帰りの会も黒板しか消してないので重たく君も帰ってきて悪いなと思いました。

積極的なんだろう…どこにむかっていますか。
自分を成長させるのは自分です。 (11/1)

○今までの学習で必要なこと
○姿勢、
○必要な時以外授業中にしゃべらない。
○声の大きさ。
○不必要な物を授業中に出さない。
○真剣さ。
○話を聞く時耳だけで聞かず、相手を見て聞くということ。
○手を組む
○手遊びをしない。
○机の前に足を出さない。
○まわりの人の迷わくを考える。

❶成長ノート（言葉ノート）

「明日がんばること、やる気があるかないか」話しことば

田中舞／1994.10.25・27

明日、がんばること（5行）
今日は、朝八時二十五分～五十五分につきました。朝も二周とてもはしりました。朝自習もちゃんと開音できました。朝の会も手遊びをしませんでした。でも手はたかよくわからない場合があるからです。だから明日手が挙がるようにしたいと思います。
とにかく、朝もきちんとしよう、会がつづくことも信じています。

明日がんばること（5行）10/26
信じてくれてありがたうございます。私も今、自信がつきました。朝も今までよりそこくしているほん二周走ってほうもしています。朝自習も、用意が出来てます。そして今日、朝の会で手を挙げました。でもされませんでした。でも、これからもっともっと手を挙げるようにします。
返事、自分の考え、
私母思い込みだけど、このまま毎日つづいていくとたぶん先生のいったとおり六カ月くらいたって先生の思っている人になるかもしれません。でもそのかわり、みんなの僕はがんばらなく、ちっらりません。そのためにはこにこつじんとんフラスワや明日、がんばることをなしていていい学校、またいい人たちなっていくと信じてます。

○やる気があるかないか
あります。でも今日のニュースを（こう言えないかわかりません）先生が言ったとおりどう言うのはけない。し短かすぎてなんかよくわからない場合があるからです。だから言うのがむずかしいです。頭の中で考えても、ついたちらぴ出ます。

教室の入り口の私に壁が塀があります。
それを多分⋯10/27
私は、選抜してほしくないです。今私はがんばっています。今日ギリギリだったけど。今からどんな人がみれるなると思います。だから選抜はしないで下さい。おねがいです。みんな公平にやっていきたいと思います。

② 田中との気分を開発しています。
なぜこんなグループなのか分かりません。たぶん、私は、まぬと思っています。たぶん久保田さん、野上さんもやようと思っているでしょう。でもすがたが1人が1人がうすさをしたら、くれもとう2人が受けて、話してもう（1人が二人がちとかそ人ならべる）も話はかわるけど、新井君に対して、別に至してません、まいしっくてます黒不で気と会合いをして、だからこれから、仲くいくいいろはあるかもしれない。だからあんまり気ないと思います。

③ 村上さん、八江さん、小川さん、穴道え、小川さん
岩田 行動に出って下さい。

グループであり友、会、ゲームは考え、共有、

「今日、一日をふり返って①」話しことば

田中舞／1994.10.30

今日、一日をふり返って（5行）
はい、わかりました。サヨウならします。ところで今日一日はとてもよかったです。朝も早く起きたし二周してっぽうの前回り十回しました。のった時間でのぼりぼうで男子と遊びました。三時間目がおひるで、バレーの時間で、私がま人中で回りの人たちにパスしました。とくに大貝さんや古賀さんや前田さんにはパスをしましたみんなが楽しそうだったので良かったです。別に二十回しなくても、みんながんばったのでそれでいいと思います。

つづけきたら これからの課題です。
田中さんの信頼がなくなりますよ。これから、みんなたよらなくなるでしょう。つづけなかったら。
田中さんが大野さんのようになりたくなるそいぐい。たら、本当に信じてもらえないですよ。

一番（今）の朝もように ならないこと。みんなもがっかりします。五年生で一日しかできないならさびしすぎます。

○みんなから信じてもらいたいのならしっかりすること。

○みんなをガッカリさせたくなかったら、きちんとーな〈ママ〉さい。

（信頼する）

←卒業
20行
（今）

これからの課題は分かりました。私は信頼がなくなるのは、いやです。私も少しずつ、矢野さんのようになります。私だってしっづけなかったら信頼がなくなると同じようになる（これ）をつづけます。はなれないように矢野さんなり、みんなとみじていたい。でしっづけていないで信頼がなくなりそうしないように。（これ）をつづけます。はなれないように矢野さんなり、みんなとみじていたい。でしっづけていないで信頼がなくなりそうなると、一人ぼっちになることもあります。分けあというと見方がまびしくなること。朝自習は三十分に用意するこの。朝の会うために今日はふり返りたけど、みんなにしんじてもらうために、このようなことがおこったらいやです。もうどう自分もしません。このようなことをみんなにしんじてもらうために、今日はふり返りだけど、みんなにしんじてもらうためにこのようなことがおこったらいやです。もう

二周、とてっぽう前回り十回、がたが五回、どちらでもいいから、やるから、二人一と用意するこの。朝の会、いうよう、仲間はずれいをされないこの。
手を挙げるなと自分の目標をもって生きていきましょう。
すぎますと、先生がこのようないうから、みんながかりしないように、このようなんてとびるから、負けないように、がんばます。先生が五年生が一日しか王ないなんて言っているから、負けないようにこのようなことを今から一つやって、二つ目の目標をかいて、来れました。一つ目は、みんなから信じてもらいたいのなら、しっかりすること。二つ目はみんなをがっかりさせたくないか、たらきちんとしなさい。

❶成長ノート（言葉ノート）

「今日、一日をふり返って②」話しことば

田中舞／1994.10.30

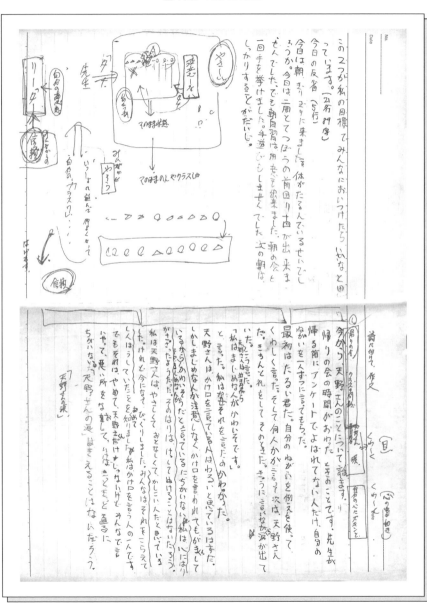

「私は変わる、集団で遊ぶと楽しい」成長ノート No.1

森永鈴／2010.04.19・20

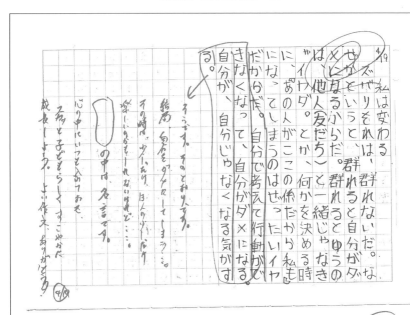

❶成長ノート（言葉ノート）

「運動会の練習で学んだ事」成長ノート No.1

森永鈴／2010.05.22

第1章　書くことで自分を見つめる

「成長ノートは私の何を成長させたか」成長ノート No.2

野田美沙希／2010.07.16

成長ノートは私の何を成長させたか。

成長ノートの4月7日から初まった私のノートには、沢山の値の成長させたのでしょうか。3つ語っている。でもわたしの何を成長させたのでしょうか。3つ書きます。

一つ目は考えかたです。5年生の時はとても評価が悪たらいいか」とか考えたりしていよか」とか考えたりしていず。私たちは、こうしたらいいよ」とか周りの人たちも声をかけてもらえず、みんなでれる所まで悪かったりしてもかって成気合いがはいっばりやろうと気合いがはいり始めた物は成長ノートです。自分が目指す事を書いて見える化にして書いたものはきえません。そ

ふりかえりができます。二つ目は、自分とむき合えることです。い前はオレンジのノートに成長ノートと書いてるノートに4〜6行しかふざけた内容でい。今は4月7日にかいた書き合かみ人ないよ。しかも4月7日にかいた内容でていってないにはいっていつだし群れだしにはいっていつだし群れだしたいます。それを今から100×0＝0にはいさいあくを今から100×0＝0ではスタートにもどります。あとでみて先生からのマドバイすもとり入れ、大きく成長できます。

三つ目は、自分の目ひょうをつくれることです。とりあえず、多分をしっかり自分のものよりもいいものをつくって目指す物をいっぱいぼくちがうしると成長に
ます。

❶成長ノート（言葉ノート）

「変わった所とその原因」成長ノート No.3

野田美沙希／2010.11

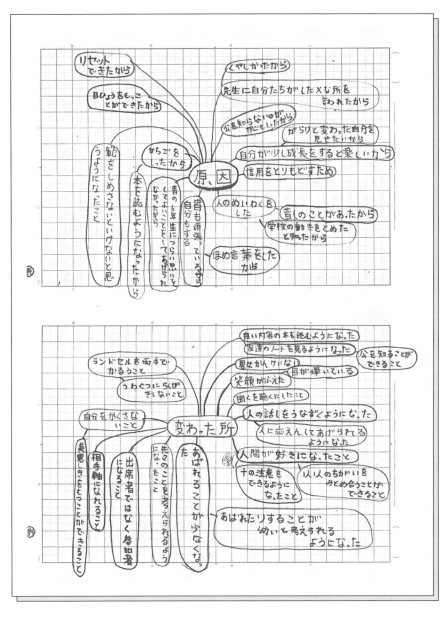

第1章　書くことで自分を見つめる

「私は変わる」成長ノート No.1

古賀優実／2010.04.19

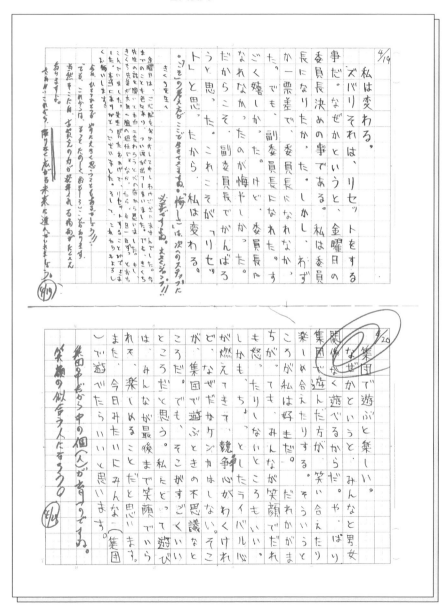

❶成長ノート（言葉ノート）

「友達の作文を読んで」成長ノート No.1
古賀優実／2010.05.28

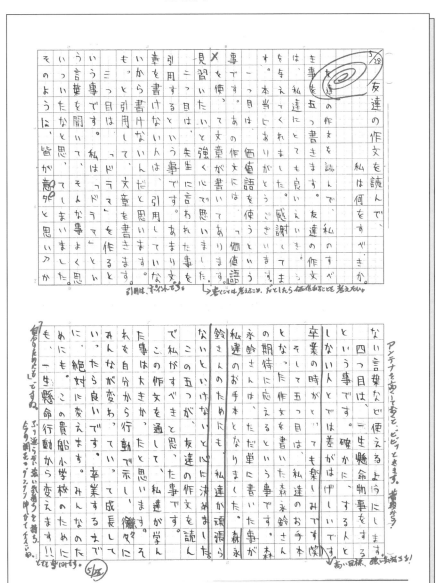

「ほめ言葉のシャワーの一回目を終えて」成長ノート No.2

古賀優実／2010.06.29

ほめ言葉のシャワーの一回目を終えて思った事は、自分を三つ書く。

一つ目は、ほめてもらった言葉で自分の意見は多少ずれる事があった、自分の言葉でほめていた事実はマネせず良自分の言葉だ。

二つ目は、NGワードが初めて減った。

三つ目は、ちかっこいい言葉を使っていた人が多かった。すまかしていた今ではいる人が成長した数人だ。

まとめ、現状が数人残ているとのながまだの人があせまりほめることのなかったで、人をあせりほめることがまたでめること。

① 朝時間内に来て、準備をする。
・ランドセルを片付ける事をする。
・宿題を忘れていたらーする。
虫のまいた事をする。

心と言葉をつなげる。
今日の古賀さんの発表よかったよ。
楽田のレベルアップ！

くの場なめに言わないとは残念だ一回目というこもあるが、みんなで一人をほめたか。この三回目が、ほめ言葉のシャワーの一回目を終えて思った事だ。一回目より、素晴しい物にしたい。成長のためにも。

早く来たから！遊ばない。
バランスを考える。

❶成長ノート（言葉ノート）

○「私のホメ言葉のシャワー、成長ノートは私の何を成長させたか①」成長ノート No.2 ○
古賀優実／2010.07.13・16

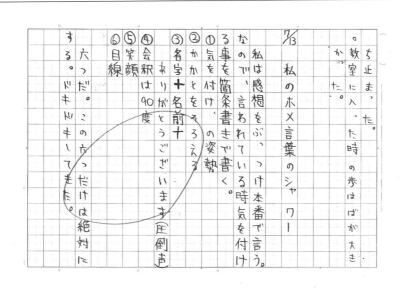

第1章 書くことで自分を見つめる

「成長ノートは私の何を成長させたか②」成長ノート No.2

古賀優実／2010.07.16

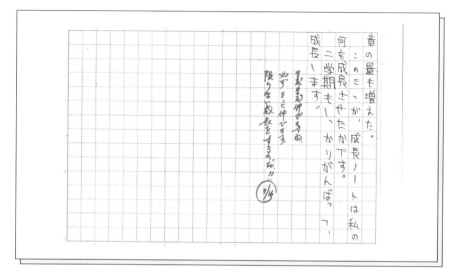

「無題」成長ノート No.2

古賀優実／2010.09.01

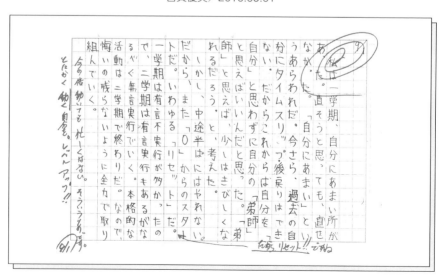

「無題」成長ノートNo.4

古賀優実／2011.02.21

2/21

古賀優実

今になってつくづく思うことを箇条書きで書きます。沢山あるのですが、自分の成長に大きく関わったのを書き抜きます。

相手軸に立つ。
① 笑顔でいる。
② 視点（角度）を変える。
③ 切り替えスピードを早くする。
④ 自分の意見を持つ。
⑤ 価値語を使う。
⑥ 比較していく。
⑦ 十思考・未来志向する。
⑧ 反復する。
⑨ 敬語を使う。
⑩ 大きくこの10個です。この10個の中で特に良かったと思っている事を詳しく書いていきます。

③視点（角度）を変える。
昔は人に左右されていたり相手の事を気配らない生活を送っていました。始めて「視点を変えて何のこと？」と思っていました・あるんだろ？と思っていました。でも今では視点を変えるという事が分かりました。相手軸という立場になるという事です。色々な考え方ができるというより深い考え方が見つけられずに突っ走ってきました。今までの自分の事しか考えていませんでした、私の達にとって「視点を変える」という事はよく変えてみたりなどとつくづく思います。一番よかったと思うのは時々昔と今を比べてみたりして良かったなぁ。と感じています。すごく今後も成長していきたいです。たくさん今成長した事にとても感謝しています。改めて成長した事にとても感謝しています。

「話す技術と話し合う技、多面的(視点・角度を変えて)に見る」成長ノート No.4

古賀優実／2011.02

話す技術と話し合う技

① 話し合い→一方的（ほぼ）ルカケアイ 意見を出す ✗
② 話し合い→双方向
③ 話し合い→自分の意見 皆の意見
④ 話し合い→内容的には一つ 具体的ではなくても良い 的にする
⑤ 話し合い→問題点も解決策
⑥ 話し合い→短い時間（2人程）
・話し合い→長い皆が発言
・話し合い→仕切り役 ✗
・話す→仕切り役
・深まる 発展 新しい つなぐ 見える化
・人と論の区別
・一人の事か皆の事か
・多面的（役割）視点 角度 フォロー
・協力
・解決策を導く

『多面的（視点 角度を変えて）に見る』

感想
この授業をして一番感じた事は「話す」技術の大切さだ。具体的に言うと相手軸に立って色々な方向から見たりすることによって、新たな自分を発見できると思った。だから一人一人がフォローする。そして誰かがフォローしたからこそできることで、それではスピーチではできない。この事柄は「話し合い」だからこそできる事でそれにかかわりがないと私は思う。一人一人が意見をカケアイ、一人一人がフォローする事によって人が意見を見ることによって新しい案が生まれてくる。だから私は色々な角度で見ることは、話し合う技術は大切だなぁ！と感じた。㊙

❷ 私の本（冬休みノート）

　私は、作文指導のゴールは「私の本」を書かせることであると考えています。「私の本」は、「自分だけの作文ノート」です。新年度のスタートから「成長ノート」を核として、継続的に行ってきた作文指導が軌道に乗ってきた２学期の中盤あたりから取り組んでいました。
　「成長ノート」は書くテーマを教師が与えますが、「私の本」は子どもたち一人ひとりが書く内容を決めて自分だけのノートにしていきます。
　世界の中で、ぼく、私だけのノート、一冊の本にするので、「私の本」というタイトルにしました。
　内容も、書き方も、文章に限らずマンガでも、ページ数も指定はしません。子どもたちが自分で書き方や内容を決めて書き始めます。
　初めは日記的な内容だったり、家庭学習として漢字練習や計算練習をしてくるだけだったりします。
　どのような内容でも全てOKとして、赤ペンでほめ言葉を入れて返すことを数日繰り返します。そうしていると、日記の中に、世の中のニュースや出来事を書いたり、自分の悩みや失敗の反省を書いたりしたものが提出されます。そうしたものを教室で紹介することで、「私の本」の内容がグッと広がりをもち始めます。
　「私の本」の様々な内容については、前述の「人間を育てる　菊池道場流作文の指導」（2015年４月・中村堂）にまとめています。ここでは、2010年度（平成22年度）北九州市立貴船小学校で担任した６年１組での成長に関することや、自分の内面と向き合いながら書いた「大作」を中心に紹介いたします。

第1章　書くことで自分を見つめる

私の本

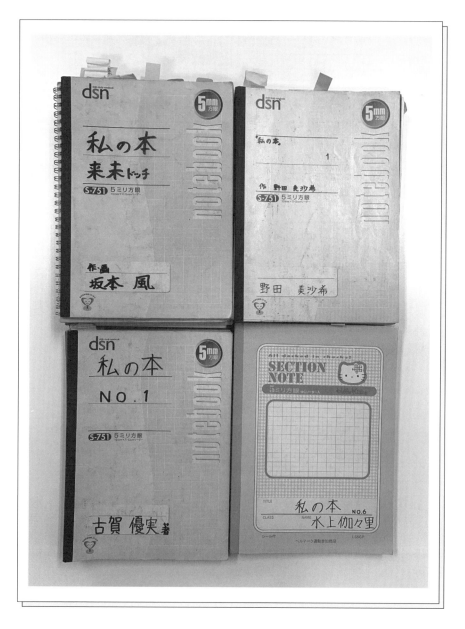

❷私の本（冬休みノート）

　2010年度（平成22年度）北九州市立貴船小学校の6年1組の野田美沙希さんが、2学期末から3学期の初めに「私の本」に「成長してきたのか？」とのタイトルで55項目にわたって成長したと考える項目を書きました。

　それぞれの項目の下には、5つから9つ程度、その具体的な成長の姿が書かれていました。合計約300個以上の成長の姿をまとめました。

　私は、その内容に感動しました。

　そこで、その55項目それぞれに対して、10個ずつ、私が成長をめざしてしかけていたことや、その結果起こったことなどを書きました。つまり、それぞれに対してなぜそう変わったのか、どういう成長なのかを教師の目から見て書いたのです。

　私は、それをプリントにまとめました。A4の紙24枚にもなりました。

　最初に野田さんが書いた「6-1で変わったこと・成長したこと」の55項目を載せ、そのあとに私の考えた各10項目、合計550項目を掲載しました。

　注意して書きましたが、重複したり、関連したりしているものもあります。同じものが入っているかもしれません。私は、野田さんを代表とする6年1組の子どもたちの頑張りに対して、精いっぱい称賛する思いで、550の項目を深く考えながら書きました。

　このことは、「成長ノート」の基本姿勢である「教師が全力で子どもを育てるためのノート」と全く同じです。

　ここでは紙幅の都合で全てを紹介することはできませんので、

①野田さんの「私の本」の現物の内、「51～55」と「まとめ」
②プリントの内、野田さんの書き出した55の上位項目と「『51～55』に対して私が書いた各10項目」
③このプリントから考えられる「指導の原則」と「今後の研究」

をピックアップして掲載しました。

　全文をご覧になる方法は、本書P.206を参照してください。

31

第1章 書くことで自分を見つめる

「成長してきたのか？①」私の本 No.9

野田美沙希／2011.01.16

成長してきたのか？

今日でラストです。いままでの苦労を水の泡にしたくはありません。だから最後まで頑張ります。そしてこの頑張りを良い思い出にします。

〜気を付ける所〜
① 「。」をいつもより多く。多用。
② 接続詞を考えてつかう。
③ 1つの内に「、」をつけない。

51 1人の人を見かけなくなった。
① 1人の人がいるのは異状なことだと考えれる様になったから。
② 「1人の人を作らない」と言われたから。
③ いままで1人だった人が自ら入っていくようになったから。
④ 1人の人を見かけたらほっておかない考えを持ったから。
⑤ 自分がこうなったら…と考えれるようになったから。
⑥ 1人でへいきでいる時間はもったいないと思ったから。
⑦ 1人の人はなにも学べないと思ってきたから。
⑧ 1人の人をこのクラスになくしたいと考えたから。
⑨ 1人1人を大切にしようと思ったから。

52 先のことを考えて行動できるようになった。
① すかをおしんで少しもむだな時間をつくらないようにと思ったから。
② はじめて池口先生からの感想を言われたから
③ 予そく力がつきやすいしと考えたから。
④ 先のことだけ考えてもだめだから行動にうつすようになった。
⑤ 先生が先を考えれる人は○○んといわたから。
⑥ 先のことを考えず今や過去のことにこだわるのはおかしいと知ったから。
⑦ 見ましこうをしようと考えたから。
⑧ 先のことをいっても行動できるようにそのふんまでも考えられるようになったから。
⑨ なんでも準備などが大切だと思うから。

53 あきらめたりいじけたりする人がいなくなった。
① 公にはそうしていると残こされてゆくと知ったから。
② こんき強さをつけようと考えたから
③ 自分で自分の成長を止めるのはおかしいと知ったから。
④ 自分を少したりとも力をつかわないのはへんだと考えたから。
⑤ それは自分以外にも害があると気付いたから。
⑥ 自分を捨てたとしょのことはしたくないと思ったから。
⑦ ねばり力強くするようにと考たから
⑧ いまのクラスではそれは当り前と思っているから。
⑨ 成長をもっとしようと考えたから。

32

❷私の本（冬休みノート）

「成長してきたのか？②」私の本 No.9

野田美沙希／2011.01.16

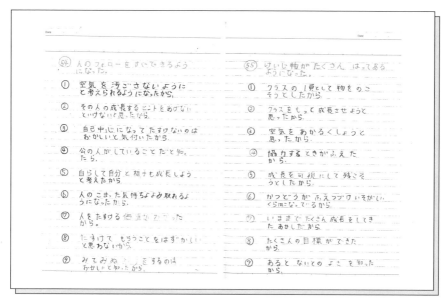

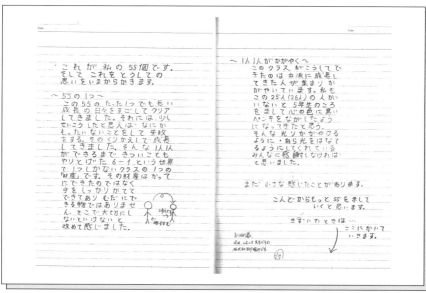

『成長してきたのか？』〜「55」への「550」の書き込み〜

4月7日から「成長したね」と卒業の時に言ってもらえるように成長してきました。
今までたくさんのことをして学んできました。そこで、6－1で変わったこと・成長した時を今から書いていきます。

1. 自分の意見をしっかり持つことができるようになった。
2. 忘れ物・仕事忘れをする人が減少した。
3. 発表の声がはっきり大きくなった。
4. 自分から仕事をするようになった。
5. シャープペン→鉛筆に全員がなった。
6. 群れにおかしいと気づいて集団になった。
7. 「きき方」が聞く→聴くになった。
8. 人に自分から訊くようになった。
9. 行動を迅速にできるようになった。
10. 人の顔色をうかがって公の場で行動しなくなった。
11. 人への感謝を心底からできるようになった。
12. ユーモアを自分から入れることができるようになった。
13. 公の場に出ることができる「常識力」を持つことができること。
14. 当たり前のことを当たり前にできるようになった。
15. 計画を立てることができるようになった。
16. 四字熟語を沢山知ったこと。
17. 習ったことを自分の技能にできること。
18. 紙にものを言わせるのではなく自分の言葉で人に伝えることができること。
19. 「イジメ」がない良いクラスになった。
20. 話す時は「言葉＋手ぶり」でが当たり前になった。

❷私の本（冬休みノート）
▼

21. 予習してくる人が多くなってきた。
22. 利己主義→利他主義の考え方になった。
23. 挨拶に会釈をつけてするようになった。
24. 先生にタメ口で話さなくなった。
25. 目上の人には公的話法で話すようになった。
26. 発表の時、前を向いてではなくみんなを向いて言うようになった。
27. 辞書を引いて言葉を知るようになった。
28. 自分から気が利くことをするようになった。
29. ただの失敗→学ぶ失敗という考え方をするようになった。
30. 人のいやがる綽名をつけなくなった。
31. １つの物事を深く考えるようになった。
32. いらない物を学校に持ってこなくなった。
33. 本を沢山読んで頭に知恵を入れるようになった。
34. 人のため世のためと思って行動できるようになった。
35. けじめをつけられるようになった。
36. 自分で努力するようになった。
37. 価値ある無理をするようになった。
38. 良い無視をして人を成長させることができるようになった。
39. 人を待たせないようになった。
40. 時間より少し前に行動する人が多くなった。
41. 自分と人の違いを認め合えるようになった。
42. 意見が自分だけ違ってもしっかり言い切れること。
43. 楽しそう・楽しい・楽しかったと思えること。
44. みんなが人の悪いところを注意できるようになったこと。
45. 寸暇を惜しんで物事をすることができること。
46. 目標が持てるようになったこと。
47. 迫力姿勢を保つことを当たり前にできるようになったこと。

48. 「手伝おうか？」が自然に言えるようになった。
49. 人と意見を区別できるようになったこと。
50. 笑顔で人と接することが普通になった。
51. 一人の人を見かけなくなった。
52. 先のことを考えて行動できるようになった。
53. あきらめたりする人がいなくなった。
54. 人のフォローをすぐできるようになった。
55. 掲示物がたくさんはってあること。

★菊池が書いた野田さんの51〜55に対するコメント（1〜50は略）

51．一人の人を見かけなくなった。
・群れを解体し、風通しのいい友達関係を築いていった。
・小さなトラブルは「さっさと解決しなさい」と重要視していないことをさっと伝えた。
・係り活動を活発化させ、集会、新聞、アンケートをたくさん行い発行させた。
・「弱い立場の子ども、責任感はあるが消極的な子を中心にする」と最初に話した。
・お客さんが来られた時に「休み時間に一人にしない」ということを約束させた。
・挨拶、「どうぞ〜ありがとう」などのちょっとした声かけを徹底させた。
・席替えの前と後で楽しいコミュニケーションの取り組みを行った。
・朝の質問タイムでお互いを知り合うようにさせた。
・「健全な自己主張」をすべきであると推し進めた。
・関わっていくことが増えた子ども、プラスに変わった子どもを過去とつないでほめた。

❷私の本（冬休みノート）

52. 先のことを考えて行動できるようになった。
- 「私の本」に「シミュレーション派」を作り、出てきたら印刷して配布しその価値を認め合った。
- 「人間だけが（先を）想像できる。想像しよう」と繰り返し話した。
- 似たような取り組みで予測することができるようになった。
- 書く作業を事前に取り入れることで行動に余裕が持てるようになった。
- 世の中のニュースを読んだり見たりすることが増え、行動や判断の知識が増えてきた。
- よい結果のイメージが可能になり、逆算してゴールまでの段取りを計画できるようになった。
- 周りからのプラスの評価を実感していて自己有用感が芽生えてきた。
- 自問自答力が伸び、自分の現在の力を客観的にみることができるようになった。
- 成功体験を繰り返してきたので、自信を持って次に取り組めるようになった。
- 「どうする？」と教師の判断や見通しを話す前に子どもに考えさせた。

53. あきらめたりする人がいなくなった。
- 「バカの３拍子」を止めるように最初に話した。
- いつするのかを「次から」ではなく「今から」という考え方に変えさせた。
- 「結果を出すまで許さない」というスタンスを示した。
- 全員の前で自分のすることを宣言させた。
- 「私の本」は自分の本であることを理解させ、自分との戦いとい

う位置づけにした。
・行事の前に「心がまえの指導」を行い、自分の成長のために行うことを確認した。
・あきらめない子どもの事実を紹介し、そのような空気を教室の中に広げた。
・「連続漢字テスト」を行い、100点取れるまで行うという取り組みを行った。
・教室の３条件「教え合う・競い合う・牽制し合う」を徹底させた。
・友達同士で注意し合うことが増え、その事実をみんなの前で大きく評価した。

54．人のフォローをすぐできるようになった。
・「フォロー発言」という価値語を教え活用させた。
・「～かも」という言い方をさせるようにしてマイナスの断定を避けるようにさせた。
・学習、作業中は、常に同じ問題を考えている状態で参加するようになってきた。
・たくさん意見を出す話し合いトレーニングを継続して行った。
・下級生のいる代表委員会の場でフォローの必要性を理解し実行することができた。
・話し合いをお互いの立場を決めて行うので互いに助け合おうとする動きが出てきた。
・「出席者ではなく参加者になれ」と言い続け、参加者の資格の一つがフォローだと知らせた。
・熟議等で「いいね、いいね」を基本にして話し合いが続くように指導した。
・スピード、運動量がアップしたから他者に働きかけることが容易になった。

・集団を維持発展させようという帰属意識が育ってきた。

55．掲示物がたくさんはってあること。
・学びの成果や事実を目に見える形にした。
・掲示物を子どもたちの手を使ったものになるように一緒に作業をさせた。
・デジカメで撮った写真を掲示するという方法を継続して行った
・掲示物を自分たちの動きや成長の蓄積という視点で貼ったり作ったりした。
・掲示物を学習に活用することを多くし、学びの道具でもあると認識できるようになった。
・「どこが変わったか分かる人？」と時々問い、掲示物の変化に気づかせた。
・小学生新聞を毎日張り替えさ、ホワイトボード、献立表も書き替えさせた。
・時々全員をそこに移動させて掲示物を見せた。
・ひとつひとつの掲示物の価値をことあるごとに話して聞かせた。
・作品に対してお互いにコメントを書き合う活動を取り入れ「作って終わり」にしなかった。

■指導の原則
1　授業・指導
　　○最初にキチンと話して理解させる。
　　○その時に、実演できるもの、実物を見せられるもの、想起させることができる内容であれば、そのための学習を行う。
　　○その時にはキーワードとなる価値語を示す。
　　○書く作業を取り入れて考えや行動意欲を深める。
2　継続指導

○時々、振り返りを書く、挙手、話し合いなどの活動を伴った形で行う。
○頑張っている子、伸びている子を大いにほめる。
○よい意味の競争原理も取り入れる。
3　評価
○細部まで見る、個別に見るという観察力と見つけたことを価値付ける力が必要である。
○成果をすぐに期待しないで「待つ」ことが大事である。

■今後の研究

□価値語の効果が大きい。時系列と効果ランキングをデータとして取りたい。
□年間を通した「ほめ言葉のシャワー」、「成長ノート」、「私の本」の効果が大きい。
□学級のキーワードである「コミュニケーション」とその具体的実践である「ほめ言葉のシャワー」、「話し合い授業」、「子ども熟議」、「あふれさせたい言葉・なくしたい言葉」「一年後に言われたい言葉・言われたくない言葉」「価値語・名言作り」、「成長新聞」の効果が大きい。
□以上の効果が大きな取り組みを事前の指導、指導の実際とその変化、子どもの感想や評価や作品などをもとに整理したい。
□この「550」を3学期最初に配布し、今の自分は出来ているのかどうかをチェックさせる。

❷私の本（冬休みノート）

「私の本」のスペシャルバージョンとして、冬休み期間限定の「『私の本』小学校生活最後の冬休みノート」を課題にしたこともあります。

　1月1日に「人と人が話すと何故、新たな物が生まれるか」について思索をし、1月9日に「長所と短所」について自分と向き合っている姿を想像すると、自分も頑張らないといけないなと励まされるばかりです。「長所と短所」について書いた古賀優実さんについて紹介します（前項の「成長ノート」では、作文を3本紹介しています）。

　私は、2010年度（平成22年度）に北九州市立貴船小学校で6年1組を担任しましたが、このクラスは、前の年の5年生のときに学級が崩壊した状態でした。「菊池先生の『ことばのシャワー』の奇跡」（講談社・2012年）に詳しく書かれた学級です。

　古賀さんは、ちょっとしたことからクラスの女子と、親も巻き込んでのトラブルになってしまった経験をしていました。どちらかといえば被害者の立場でしたが、クラスの中の人間関係がずたずたになってしまっていました。

　そんな状況でも「自分は悪くないから」と、周囲の転校のすすめなどには応じず、健気に学校に通っていました。

　6年生になって「心機一転、リセットして頑張ろう」という私の呼びかけに古賀さんは素直に応え、一生懸命に変わろう、変えていこうと努力しました。「成長ノート」「私の本」「ほめ言葉のシャワー」、どんな取り組みにも真正面から真剣に取り組んでいました。

　1年間で6巡した「ほめ言葉のシャワー」の最後のスピーチでは、「『ほめ言葉のシャワー』は、心を温かくしてくれるものであり、心を開ける鍵のようなものだと感じています」と感想を話していました。

　古賀さんは、その後も機会あるごとに私が主催するセミナーにも顔を出してくれました。そして、2019年（令和元年）7月27日に東京で開催した「第7菊池道場全国大会」の中で行った「パネルディスカッション『菊池学級』を証言する」では、新聞記者や元雑誌編集長とともに、私たちの教室のことを克明に報告してくれました。

41

第1章　書くことで自分を見つめる

「ほめ言葉での学び～成長～」私の本 No.6

水上伽々里／2011.03.14

①正対
②リーチ
③目での合図
④気づかい
⑤うなずき
⑥ユーモア
⑦四字熟語
⑧ことわざ
⑨観察力
⑩多面的に見る力
⑪男→女（可愛い）　女→男（格好よい）
⑫足先
⑬言葉表現（ぷにょぷにょなど）
⑭目線
⑮目力
⑯感謝する大切さ
⑰聞く→訊くにする事
⑱事実と意見を分ける
⑲端的に短文で
⑳自分の自信になる
㉑クラス一人一人の大切さ
㉒言葉をけずる価値ある努力
㉓その人らしさ
㉔心の美しさ
　この24個だ。ほめ言葉。私たちの成長の大きなキーワードになった一つだろう。

❷私の本（冬休みノート）

「卒業式」私の本 No.6

水上伽々里／2011.03.14

　後3日で卒業式です。26人が同じ教室で同じことを学ぶのも残り少なくなってきました。正直寂しい気持ちが沢山です。卒業式当日、皆は服装も髪型も完璧にオシャレしてくるでしょう。でも皆は心のオシャレもしてくると思います。
　公の場。成長を見せる場です。
　どこで自分の成長が一番分かるか？確かに返事の声、呼びかけの声でもあります。でも一番は卒業証書をもらった後です。証書を持って、ひな壇から降りて机の上に置いて自分の席に戻るまでです。
　それまでに自分自身が多くの視線にたえれるか、一人で胸を張って堂々と歩けるか、服などで自分をかくさずに歩けるか、で成長したレベルが分かる、と私は思う。
　26人。一人一人が証書をもらっている後ろ姿を大切に目に焼きつけておき、「はいっ」という返事を覚えておき、呼びかけ一つ一つに深い意味があることを意識して、一人一人の成長を感じながら輝く素晴らしい卒業式にしよう!!

「皆、ありがとう。」私の本 No.6

水上伽々里／2011.03.15

　もう明後日で卒業です。一年生からずっと一緒だった私たち。ケンカしたこともたくさんありました。26人、一人一人が本当の自分とすれ違った時期もありました。でも頑張って今の私たちになれました。25人。一人一人と思い出があります。中学生になると26人がそろうことはありません。そこで今から26人、皆との思い出

をかきます。
①レベルアップの子ども熟議
②団結力が深まる納得解
③修学旅行でのKTSO
④一人一人が仕切る代表委員会
⑤黄金の3日間
⑥ほめ言葉
⑦「自分らしさ」が出る私の本
⑧自分の成長のあかしの成長ノート
⑨学習発表会
⑩「言葉の力」の意味
⑪全員で頑張った漢字テスト
⑫人を自分を好きになった
⑬成長新聞
⑭名言

　特に‼はこの14個だ。そして今から大きな思い出になるのは
「全員ランドセルの証」
「輝く卒業式」
だろう。
　本当に一つ一つが良い思い出だ。
　それも26人。菊池先生のおかげです。本当にありがとうございました。

「長所と短所」小学校生活最後の冬休みノート

古賀優実／2011.01.09

　誰にだって一つ二つ、またそれ以上の長所や短所があります。
　今回は自分の長所と短所を書き出して、もっと自分を知ろうと思います。ではまず、長所から…。
①笑顔を絶やさない
②観察力や分析力がついてきている
③そこそこの学習力はある
④信頼できる友達がいる
⑤「群れから集団へ」の意識が強い
⑥何事も積極的にしている
⑦最上級生としてでもあるし、学校の一員として範を示している
⑧追い込まれると結構強い
⑨沢山の人が支えてくれている
⑩中途半端に終わらせない
⑪人が頑張っていると、自分も頑張ろうと思ってくる
⑫好き嫌いなく食べる
⑬相手軸に立って考えられる
⑭行動が素早い
⑮自分の意思をしっかり持って、話し合いでの責任を果たしている
⑯プラス思考、未来志向で考えられる
⑰マイナス思考、過去志向では考えない
⑱圧倒声で発言している
⑲誰にでも挨拶＋会釈をしている
⑳男女関係なく楽しく話し、遊んでいる
㉑細部だからこそこだわっている
㉒すき間時間＝本となっている

㉓字をていねいに書いている
㉔座右の銘や目標を持っている
㉕成長した
　　長所＝好きなところでもある。
　　次は短所です。
①つい感情的になる
②涙もろい
③一つのことを熱く語る
④あることをする時、周りの人の意見を聞かず突き進む
⑤人の話を聞かない
⑥特技という特技や趣味という趣味がない
⑦その時の状況に左右されやすい
⑧科目の好き嫌いが激しい
⑨結構マイペースでいる
⑩流行が分からずついて行けない
⑪口が軽く、何でも話す
⑫すごくドジ
⑬言葉で時々人を傷つける
⑭あきらめがはやい
⑮駄目だったら逃げ場を探す
⑯自分の意見を人におしつける
⑰たまに群れる
⑱短期
⑲うるさい
⑳声がでかい
　　20 短所がありました。
　よく「長所は短所　短所は長所」という言葉も耳にします。そこで 20 の短所を、見方を変えて全て長所にします。

❷私の本（冬休みノート）

①とても素直
②心が清らかで素直
③一つのことで盛り上がる
④物事に熱中できる
⑤それだけ集中している
⑥したいことやりたいことを何でもしている
⑦その場の空気に親しみやすい
⑧好きな科目がある
⑨自分の流れを大切にしている
⑩自分らしさで過ごしている
⑪秘密がほぼない
⑫単純である
⑬人には何でも言える
⑭決着をつけるのがはやい
⑮もう一度「0」ゼロに戻ってやり直す
⑯自分に自信を持っている
⑰×××
⑱×××
⑲元気がある
⑳圧倒声が出る

　なんかこういう風に書くのが初めてなんで、恥ずかしいです（笑）
　今「短所」を「長所」にしました。じゃあその逆はするのか。それはしません。何故ならプラスで考えるからです。全てをマイナスにすると自分で自分を傷つけるのも同然です。いつでもプラスで自分に磨きをかけましょう。

第1章　書くことで自分を見つめる

　2010年度（平成22年度）に北九州市立貴船小学校で担任した6年1組には、坂本風さんという女の子がいました。「小学校発！一人ひとりが輝くほめ言葉のシャワー」（2012年・日本標準）の中でも紹介されています。

　坂本さんは、私が担任して3か月近くが経とうとしていた6月末に、「成長ノート」に次のように書きました。

「私は4年生の時に10か月ほど無視されていた。クラス全員に。死のうとも思った。だけど今の時間を持っているということは、存在があるということ。（中略）いじめは犯罪である。人の心をおとしめて死にいたらせてしまう。もし死んでしまったら（いじめが原因で）それは殺人と同じでないかと思う。私はされた側です。被害者であり、証人です。」

　そんな坂本さんは、1年間の中で大きく成長しました。その年の年度末に「北九州市子どもノンフィクション文学賞」に作品を応募して、入選したときに、次のように書きました。

「私を変えてくれたのが、学級で行った菊池先生のコミュニケーションの授業であり、書くという作文の学習でした。作文の中では特に、『私の本』の取り組みがよかったです。とてもおもしろかったです。夜遅くまで、何を書こうかと考えたこともありました。書き始めると、2、3時間は平気になりました。最高で15ページ書いたこともありました。私の12年間を物語にしようと思えたのも、『私の本』があったからです。感謝しています。過去には辛いこともありました。でも今は、しっかりと前を向いて生きていこうと思っています。1年間で私を変えてくれたみんなや先生に感謝しています。ありがとうございました。」

「いじめ」を経験した彼女が、上記の内容を6月末に「成長ノート」に書いたのに続き、7月上旬に「いじめについて」とのタイトルで4ページにわたって書きました（本書P.49・50参照）。さらに、11月には8回にわたって「いじめ」について考察しています（本書P.54〜69参照）。

　書くことで過去を乗り越えた坂本さんの生き様を、「私の本」から感じていただければ嬉しく思います。

❷私の本（冬休みノート）

「いじめについて①」私の本 No.1

坂本風／2010.07.05

7/5 いじめについて

〜始めに〜
いじめは犯罪です。人の心を砕き未来を亡くす恐ろしい狂気です。こちらの「本気」よりこちらの「狂気」がたくさんあるといいんですが。

いじめについて
〜全てにおいて〜
「いじめ」とよく耳にしました。そもそもいじめとはどんな事なのでしょうか。
聞いてみました。
妹＝する人が馬鹿・悩無し。
姉＝
姉＝
母＝された側がカンライ思うのがいじめ。（いやがしかったため）
父＝相手が弱くなった時がいじめ。
人によって受け方が違いました。よく思うのです。いじめをする側はどんな気持ちなのかと。ていじめをする人はいじめをするのか。

人の心理はよく分かりません。
「あなたはいじめしてたでしょ！？誰がしていた・されていたかが分からないから。
だからいじめは影で始まります。
〜いじめは影・裏でどんな気持ちだったでしょう。いじめされていた側の気持ちも興味？
される側の心はもう滅茶苦茶でされた側の心は周囲との関係が必要でしょう。
立ち直るにはいじめをされていた方でもどちらもがつらいと解決した時でも「また」されたらどうしようと恐怖があるからです。でもやっぱり一番辛いのは解決したと言うミスと言う恐怖があるからです。何故かと言うと、解決

「いじめについて②」私の本 No.1

坂本風／2010.07.05

本当に毎日が地獄です。そんな心で思っている事が感情になりません。無感情になってしまいます。そして自分の一部だった物が消えていって、目の光りをも失っていきます。一つ一つ途中まではこのパターンを進んでいました。けれど皆の物が気付きました。

「何もしてないよ時間過ごしてたんだ勿体ない」

これがされた側の心です。

もし助けてくれたら何になるんだ？」

〜もしもあの時！〜

と毎日後悔する事があると思います。

「いじめられた側にはこれがあったり。

たとえ合いはするに人の事情を受けたとしてたんだスの場合は。しかしこのケースだっていじめる側が悪いです。

受け入れられない人ですから。悪い人間なんでしょうね。そんな立場に私がいる時に声をかけて来たのが久保田さんでした。そして久保田さんは全てを受け入れてくれました。今になって思えば成長への一歩だと思います。

〜終わりに〜

自分の事は自分にしか分かりません。意思表示はすべきです。そして堂々としていれば心配はありません。太陽以上に輝いて前向きに生きていれば未来への扉は開かれます。

・いじめとは何か？
・いじめとイジメの違いは何か？
・いじめのまわりには誰かいるか。誰か一番悪いか。

いじめをする者はゆるさないこと。なくさなければならないこと。

❷私の本（冬休みノート）

○「人と人が話すと何故、新たなものが生まれるのか。」小学校生活最後の冬休みノート ○

坂本風／2011.01.01

○はじめに
　不思議に思いました。人と人が話すと新たな話が生まれます。これは、どうしてなのだろうと謎です。だから、今回はこの謎にせまっていきます。

○話すこと
　授業中などよく席を立ちいろいろな人と話し合いをします。子ども熟議もです。子ども熟議では７人位で話をします。その時によく意見が２つにわれます。そんな時にはＡとＢでわけ、それぞれメリットや理由を発言し合います。最終的にはＡとＢを合わせ「Ｃ」ができます。私にはここが謎でした。何故、話し合いをすると新しい話ができるのか。この真相にせまっていきます。
　Ｃができる理由を書きます。
①違う考えを認め合えるから
　一人ひとり考えていることは違います。その違いを認め合えるからＣが出てくるのでしょう。
②どちらも優先
　自分の意見だけを主張するのではなく、他の意見にも耳をかたむけて納得し合うことができるからＣが出てくるのでしょう。
③違う思考
　昔は「勝ち」「負け」にばかりこだわっていました。だから、勝ちと負けしか知りませんでした。ですが、今では勝ち負けではなく、「合わせる」ことを知って、「どちらかに絞る」ということがなくなりました。
　この３つです。何故Ｃができるのかが分かりました。それは皆

考えていることは違う。だから、認め合って「A（正）＋ B（反）＝ C（合）」にしたら良い、です。そのまんまですが私にとっては大切なことだと感じられます。③のように勝ち負けの問題だけではないということです。考えるべきことは他にもたくさんあります。一つのことに熱中しすぎて見落とす方が多かったです。今からは見落とさずに拾っていきます。

　3つには「これがないと3つのことはできない」という共通点があります。それは、群れから卒業して…です。今までの成長をいかした話し合いにしています。相手軸に立ったり、広く深く考えたりしてきました。今までしてきた話し合いが証拠です。群れから集団…そして今は…という感じです。これからも成長していきます。

「挨拶の大切さ」私の本 No.3

坂本風／2010.09.23

○はじめに
　皆がいつもしている「挨拶」。
　いつもいつも何のために挨拶をするのでしょう？
　そのことについて考えながら書いていきます。

○そもそも
　挨拶とはそもそも何なのでしょう？
　【辞典】
　・人に会った時や別れる時にかわす社交的な言葉や動作。
　・儀式、就任、離任などの時、敬意、祝意、謝罪などを述べること。また、その言葉。
　・他人の言動への応対や返事。うけこたえ。

❷私の本（冬休みノート）

【類語】
　礼　会釈　お辞儀　一礼　目礼　黙礼　敬礼　最敬礼　叩頭　握手　答礼
【質問】
・心のキャッチボール（コミュニケーション）
・元気か元気でないかの確認
・愛情表現
・相手の気持ち（心）を引き出す
といろいろな意見がでてきました。
これらには必ず共通点があります。
それは一人ではできない、ということです。
どれも一人ではできません。
「相手」がいないとできないのです。

○誰でも
　挨拶は誰でもできる行為です。
　例えば「行ってきます」「ただいま」…と沢山あります。
　日常的に使っています（意識していなくても）。
　誰もが日常に使っている挨拶は一体いくつあるのでしょう。

○挨拶は
　挨拶は人から受け止めて応えてもらうコミニケーションだと私は思います。
　応えてもらうのは理解しないとできません。

○大切さ
　挨拶の大切さは、やはり人との触れ合いだと思います。
　人と知り合って、人と知り合うことが挨拶につながって挨拶にな

るんだと思います。
　質問したものには人と知り合っているという共通点もあります。

○終わりに
　ふだん当たり前のように人とかわしている挨拶の大切さがよく分かりました。
　これからも当たり前のことに目を向けていきます。

「いじめの真相　Life.1」私の本 No.6

坂本風／2010.11.03

○はじめに
　いつも頻繁に起こっているいじめ「いじめ」。
　いじめの謎は深まるばかりです。
　「何故、起きるのか」
　と調べれば曖昧な答えで人によって違います。
　そんな「いじめ」を私なりに解明させていきます。
※これは「私なりの解明」であり「明確な答えはありません」。あらかじめご了承ください。

○いじめとは
　いじめは大勢が固まって１人～２人に集中して無視や愚痴をするという卑劣な行為のことです。
　酷いところまで行くと自殺まで追い込みます。

○いじめをする人
　何故、人は同じ人である人をいじめるという非行に走ってしまう

❷私の本（冬休みノート）

のでしょう？
　今からいじめる側のことについて考えていきます。
１．ピラニア状態
　ピラニアは群れで活動しないと生きることはできません。
　いじめる側は「群れ」なのです。１人では何もできない無力なことを気づきもできないピラニア人間です。
２．「本当」を勘違い
　本当の仲間を勘違いしているのでしょう。
　だから当たり前にいじめができるのです。
３．１人を知らない
　自分が１人になることはない。
　いやなりたくない、と恐怖にしばられながら生きているのでしょう。
　だから２のようになるのです。
４．後を知らない
　後がどうなるかと考えきれていないのです。思考力が全くと言ってよいほどないのです。

　この４つです。
　このような状態だからいじめができるのです。可哀想です。

「いじめの真相　Life.2」私の本 No.6

坂本風／2010.11.15

○はじめに
　前回同様「何故いじめが起きるのか」について考えていきます。
　今回は、いじめられる側の立場に立って書きます。

○いじめられる人
　何故、ターゲットになってしまうのか？
　誰にでもあるような謎です。
　私も分かりません。
　ですが、知恵をしぼりながら書いていきます。
１．空気だけで
　マンガからの参考です。
　その場の空気だけで決める腐った発想です。
　自分の意見が言えない酷くなると分からないといった空気だけで決めてしまうパターンです。
２．嫌いだから
　自分がただ思っているまま「この人は嫌いだし…」と差別をする極悪人です。
　このような人のことを空気読めないと言うのではないでしょうか？

　この２つです。
　２つには共通点があります。
　分かりますか？
　それは「勝手」です。
　そもそもいじめをする人は、いじめる側に許可をとりませんから。
　だから勝手な人間なのです。

○いじめられて
　いじめられる人には２つのパターンがあります。
　書きます。
１．はっきりとした
　いじめられる人が明らかに何かいけないことをしてしまったとい

うような皮肉な内容です。
2．曲がった根拠
　先ほど書いたようないじめる側の腐った考えです。
　人のことを考えず自分が…のようなパターンです。

この２つです。
理由があるにせよ、人をいじめるという行為は駄目ですよね。

○人権
「人権」という言葉を知っていますか？
　人権とは人間が生まれながらに持っている生命。自由・平等などのことです。
　いじめは人権をふみにじる行為です。
　このようなことを人権蹂躙（じんけんじゅうりん）と言います。
　即ち犯罪です。
　いじめとは犯罪なのです。

○今回の終わりに
　今回分かったことは、いじめは犯罪ということです。
　当たり前の言葉のようでそれまでの意味があります。

「いじめの真相　Life.3」私の本 No.6

坂本風／2010.11.16

○はじめに
　今回はなぜ大勢で１人をいじめるという行為をするのか？
　ということについて考えていきます。

○大勢で

　大勢で１人をいじめる。

　この行為を一般的には「集団いじめ」と言います。

　この言葉は6-1を穢すような言葉なので、私は「群れいじめ」と書きます。

　何故、群れいじめは起こるのでしょう？

　いくつか書きます。

１．無力で…

　１人で何かをするという勇気がないのでしょう。

　「誰かがいないと…！」人を探すことしか頭の中にない人です。

２．気持ちの問題

　大勢でいじめる人は。人を敬うことを知らないのでしょう。

　人を恨むことしか知らない。

３．はじくことしか知らない

　「自分がのけられたら…！」と恐怖に侵食されているのでしょう。

　可哀想な人間です。

　だからいじめるという行為に走るのでしょう。

　この３つです。

　これを読んで分かることがあります。

　それは弱者の集まりがいじめをするということです。

　「いじめは楽しい」こんなこと言っている人は弱者なのです。

　群れですね。

○終わりに

　群れは何故いじめをくり返すか？

　今回このことがよく分かりました。

　5年生の時に篠原先生が言っていたことです。

❷私の本（冬休みノート）

○「いじめの真相【特別編】5年生の時 篠原先生が言っていたいじめの話」私の本 No.6 ○

坂本 風／2010.11.16

特別編

5年生の時 篠原先生が
言っていた いじめの話。

作 坂本 風

1 群団
Ⓑ Ⓒ
Ⓐ Ⓓ
Ⓔ

Aの子はリーダー的
存在。
AがB〜Eに
命令する。

2
Ⓑ
Ⓓ Ⓒ
Ⓔ

ある日 Aの気にくわない事を
Bが言ったので AはC〜Eに
「Bは無視ね。」
この一声で無視が始まる。

3
Ⓒ
Ⓑ Ⓓ
Ⓐ
Ⓔ

「Bの無視はもういいや。」
この一声で無視は終わる。
そして 何事もなかた
かのように 無視は
パッタリと終わる。

4
Ⓔ Ⓓ
Ⓐ
Ⓑ Ⓒ

これと全く同じ事は
A以外 皆にされた。

先生だって…
このような「説明」だった。
当然 終わらない…（笑）

5
Ⓐ
Ⓒ Ⓓ
Ⓑ Ⓔ

我慢できなくなった B〜Eは
Aを無視しはじめます。
Aは一人ぼっち。
「こんな事は5-1で起こしたくない。」
篠原先生はそう言っていました。
そして、私達はこれをくり返しました。

「いじめの真相　Life.3.5」私の本 No.6

坂本風／2010.11.17

○はじめに

　昨日書いた「特別編」。かなり説明不足でした。
　なので今回はその詳しい説明などを書きます。

○このようなことで…

　前のページを読んでもらって分かりますが、あれは群れです。
　群れは同じことを何度もくり返します。
　何故、何度も同じことをくり返すのでしょう？
　「群れだから」
　これでは前の文に戻ってしまいます。
　だから、いくつか出していきます。
　また具体的にします。
１．ヒマだから
　「ヒマだしぃ～…」と自分から無理にヒマを作ってすることがないので、グループいじめを起こすのです。
２．助かりたいから
　「こいついじめよう」
　この言葉に逆らうと自分がいじめられてしまうと思って恐怖心からグループいじめを起こすのです。
３．人を差別して
　「この人は好きだけど、この人は嫌いだし」と差別して、間違った判断をしてしまうのです。
４．幼いから
　考え方が幼いので１～３のこと全て考えられていません。
　何も考えずダラーっと平凡なフリをした幼いままの人間です。

❷私の本（冬休みノート）

この4つです。
今考えてみると改めて「おかしな考えだなぁ…。」と感じます。
5年生の頃こんな考えだったと思うと"もったいない"です。

○これだから
こんな考え方だととても将来が心配です。
もし私たちがあのままこれから先を過ごしていたら…どうなっていたのでしょう？
きっと世間から「恥さらし」にされていたでしょう。
変われてよかった…と安心できます。

○終わりに
もうあのような日には戻らずよい方へと進んでいきます。
「人は変われる。」
このことを忘れず成長していきます。

「いじめの真相 Life.4」私の本 No.6

坂本風／2010.11.17

○はじめに
いじめは、1対大人数でも行われます。
中には、いじめをせずただ見ているだけの人もいます。
今回は傍観者のことについて書いていきます。

○傍観者は…
傍観者はいけないでしょうか？
…

ばりばりいけませんね。
　だってただ見ているだけですよ。
　分かるように例えると、「〜をしよう！」と言われても何もしていない人です。
　傍観者（いじめの）は何故悪いのか書いていきます。
１．悪化する
　もし、いじめが悪化して自殺まで…、と考えると分かります。
　見ていて何もしない…。酷いことです。
２．もし視点
　１のように「もし…。」と考えられていません。
　そのような考えができないことがもう悪いです。
３．見てないふり
　見ている事実を見てないことにするのはどうかと思います。現実逃避しているようなことです。
　分かっていることから目をそらすのは、見たくないことが目の前にあるからなのでしょう。

　この３つです。
　傍観者って本当に酷いです。
　３から分かるように傍観者もいじめている人に入ります。
「私は何もしてないし…。」
　いいえしています。
　見ていたのに何もしなかった。
　これだけでも大きな"いじめ"です。

○見ていて
　見ていて何もしないって、どうして悪いのでしょう。
　書いていきます。

1．釘抜かず　※本書 P.77 参照
　タイプ１から３の人は、釘を抜くことは一生ありません。
　人の気持ちなど全くもって考えていないのです。
2．面倒くさがり
　「はぁ…面倒くさっ。」と面倒くさがった感情なんてないような考えです。
　生きていることに何も感じていないのかもしれません。
3．思っているのに
　言いたいことを言い出せないままの人です。この場合のためこむはもったいないです。もっと人の気持ちを考えるべきです。

　この３つです。

○傍観者の
　傍観者は傍観者にしか分かりません。
　これはあくまで私の考えを書いたものであり、実際のことと言えるものはありません。
　だけど、本当に分かることがあります。
　それは、知っていた人、ただ見ていた人もいじめた人だということです。

○終わりに
　いじめは大きく言葉をまとめただけでいろいろないじめがあります。
　その中で何もしないといういじめを今回で発見できました。
　これからも、発見をしていきます。

第1章　書くことで自分を見つめる

「いじめの真相　Life.5」私の本 No.7
坂本風／2010.11.26

○はじめに
　いじめはある1つの声がだんだんと大きくなって発展してしまいます。　元凶は誰なのでしょう。
　起こるようなキッカケを作ってしまったのは誰なのかについて書いていきます。

○過程
　いじめは真実でないところから始まります。
　嘘やすれ違いから始まります。
　そして、どんどんと話が大きくなりいじめへと発展します。
　何故このようなことへなってしまうのでしょう。
　まず、関係してくる人物をかきます。

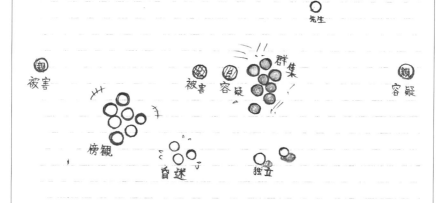

　人物説明をします。
　被害者…いじめられる側です。
　容疑者…いじめる側です。

64

❷私の本（冬休みノート）
▼

　群　衆…いじめる側です。
　傍観者…いじめを見ているだけの人です。
　昏迷者…誰かに言った方がよいか悪いか迷っている人です。
　独立者…いじめには気づいていてもなお、無視し続ける人です。
　先　生…その場の状況によってどう知っていてどう動くか分から
　　　　　ない人です。
　被害者の親…いじめられる側の親です。
　容疑者の親…いじめる側の親です。
　中に関わってくるのは大きく分けて７つです。
　外に関わってくるのは大きく分けて２つです。
　今から、この２つのことについて誰が一番悪いかについて書いていきます。

○中に関わる人
　中に関わる人は、［被］［容］［群］［傍］［昏］［独］［先］の７つです。
　この中で一番誰が悪いのかを考えていきます。
　これも考えていくと全員悪いことになってしまいますので、一つ一つの悪いところを書いていきます。
　そして、誰が悪いのかを決めます。
　いじめはいろいろと学ばせてくれます。
　ですがよいことなんて存在しません。
１．被害者の悪いところ
　何かイケナイことを言ったりしてしまって発展した。（意識しないでやったと思います、がいろいろなケースがあるので今回はこの仮定で進めます。）
２．容疑者の悪いところ
　自意識過剰な態度で１つの言葉から−（マイナス）の発想をして

65

発展させていった元凶でしょう。
3．群衆の悪いところ
　容疑者と一緒に群がっていじめをヒートアップさせていく、一人では何もできない群れです。
4．傍観者の悪いところ
　見るだけで何もしない、ウワサをあおり立てる。
　深いことを知らずに人に合わせる。
5．昏迷者の悪いところ
　言おうか言うまいか迷っているぐらいなら平和になる方を選ぶべき。
　傷つけられている人が目の前にいるのなら助けるのが当たり前。
6．独立者の悪いところ
　大人ぶるのはまだ早い。
　独りでいるのもよいけど、現実を見てまわりの気持ちなどを真剣に考えるべき。
7．先生の悪いところ
　クラスを持っているのだからもっと事情をはあくすべき。
　はあくしたらこれからをどう更生するか…と先を考えるべき。
　1つ1つの悪いところを書きました。読み返してみてください。1～7を。
　この中で悪いのはやはり2の容疑者です。
　もちろん全員悪いです。（1以外）
　人の気持ちをふみにじる卑劣な人です。
　ですが、その中で最も悪いのはその全てを作った容疑者です。自己中な考えです。

○外に関わる人
　外に関わる人は、被害者の親と容疑者の親です。

❷私の本（冬休みノート）

　この２つで、どちらが一番悪いのかを考えていきます。
　両方の悪いところを書きます。
１．被害者の親の悪いところ
　いじめられていることに気付かなかったところ。
　子どもの顔色をうかがう…などできたはずです。
２．容疑者の親の悪いところ
　育てかたがなってません。
　元をたどってみたら…と子どもに教えるべきです。
　悪いところを書きました。
　悪いのは、やはり「２」の容疑者の親です。
　躾がなってません。
　子どもがそうなってしまったのは親の教えがなってなかったからです。子どもに教えれるまでの知識を持っていなかった証拠です。
　中身そのまんまで体だけ生長しただけのただの大人です。

〇本当に悪いの
　いじめで本当に悪いのは誰なのでしょう。
　それは容疑者の親です。
　いじめの元をたどってみれば親の教育になりますから。
　これはそもそもで考えたことですので本当に誰が悪いというのはありません。皆が皆で悪いので。
　視点を変えてみれば全員が悪いのです。

〇親で
　子どもの将来は親で決まります。
　よくなるか、悪くなるか…。
　親はそのようなことをよく考えて子どもを育ててほしいです。

○終わりに
　親のせいにして自分は悪くないと考えるのはいけません。
　もっとまわりを見て自分をみがけばいじめは起きません。

「いじめの真相　Life.6」私の本 No.7

坂本風／2010.11.30

○はじめに
　今回は今までと違って「これはいじめか？」というようにしていきます。
　あなたが友達にしたことって本当に正しいことですか？

○これいじめ？
　これはいじめでしょうか？
①無視、シカト
②にらむ
③愚痴、陰口
④コソコソ話
⑤ぼう力
⑥物をとる
⑦物をかくす
⑧嘘
⑨ウワサ（悪い）を流す
⑩物を投げる
　この10個の中でいじめにあてはまったものはありますか？
　私は全て当てはまると思います。
　というか実際に受けた人が「いじめ」と言ったらそれは「いじめ」

❷私の本（冬休みノート）

です。
　した人が「してない…知らない…」と言っても始まりません。
　された人が「いじめられた」と言ったらもうその時点でいじめです。
　された人に言う権利があります。

○された人は
された人は悲しみでいっぱいです。
そんな中、ずっと苦しみながら生きているんです。
どこかで必ずSOSを出しているはずです。
それに早く気付きその人を救うべきです。

○終わりに
いじめられている人は毎日が恐怖でいっぱいです。
気持ちがかかえきれないくらいにふくれ上がって、どう助けを求めたらよいか分かりません。
だったら気付いた人が助けたらいいのです。

「ほめ言葉で」私の本 No.10

坂本風／2010.12.18

○はじめに
木曜日の私の本にて少々手違いがございました。
そのことを挽回すべく、今回は猛烈に頑張っていきます。

○12月16日に
12月16日のほめ言葉のシャワーで言った三つの感想を書いてい

きます。また、その時に何を思って言ったか？などを書いていきます。
（確かでないあやふやなところもありますがご了承ください…。）
①冷たい手を
　私は今（12/16）「負けるまい！」と思い『握手』という新しい動きを取り入れました。
　私の手はとても冷たかったです。
　そんな手を皆は嫌がることなく握ってくれました。
　とても嬉しかったです。
　ありがとうございました。
②ずっと浴びていたい…
　ほめ言葉を浴びていると、嬉しいです。その影響かとても短く思えました。そして、思いました。「まだ、ほめ言葉を浴びていたい。」と。それまでに価値のあるものへと変わっていっています。
　そのような価値あるほめ言葉をありがとうございました。
③目ん玉キラキラ
　一人ひとりにほめ言葉を言ってもらっている時に共通点がありました。
　それは、目がキラキラしていたところです。
　輝いた目で言ってもらえると、さらなる期待がまします。
　これからも、そのような目ん玉キラキラ星人でいてください。
　以上の三つが感想でした。

　何がきっかけで三つの感想を言ったのかを書いていきます。
①一つ目で
　私は冷え症です。冬の間ほとんどと言ってもよいほどです。
　そんな私の手は「氷点下何度だろう？」って感じの冷たさです。
　とても冷たい私の手と握手しても誰１人として「冷てっ！」など

❷私の本（冬休みノート）

の言葉を一切言っていませんでした。
「誰か言うかな〜…。」と心配だったのですが無用でした。
その事実がとても嬉しかったから言いました。
②二つ目で
　嬉しいことがあると時間が短く思えます。そんな感覚でした。15〜20分ほどありました。
　私にとって15〜20分は、5分に思えました。それくらい嬉しかったです。
　15〜20分間は人にやすらぎをあたえる価値ある存在であると皆に伝えたかったから言いました。
③三つ目で
　よく相手の顔を見ていると分かる発見です。
　「何か新発見はないかな〜。」とじっと相手の顔を見ていました。ありましたね〜。
　目が凄く輝いていました。
　パッチリと見開いていないと目を輝かせることができません。
　これは、全員がしっかりと目を開けていた証拠です。
　皆の気合の大きさを伝えるために言いました。
　この3つがきっかけです。
　ほめ言葉は大勢の人が一人の人をほめる会です。
　ほめる側にも、ほめるところが沢山あります。
　毎日日常の中で動いていれば一人一個は必ずほめるところはあります。何気ない些細なところから価値は沢山生まれてくるのです。

○終わりに
　午後、両手でみかんのカワをむきながらブログまわりしていたら「あっ…宿題…。」ってパターンよくあります。だからこそ考えようと頭をひねり出す価値。

第1章　書くことで自分を見つめる

「質問力を鍛え上げるには」私の本 No.10

坂本風／2010.12.18

○はじめに
　前回宣言したように人に質問する際、どのようなことに気を付けたらよいのかを考えながら書いていきます。

○質問とは
　質問とは、自分だけでは不十分なところを人に訊いて調査することです。
　質問する時どんなことに気を付けながらするとよいのかを書いていきます。
①はっきりと言う
　曖昧な伝え方では「何についての質問ですか？」と分からなくなってしまいます。
　だから、何をどのように伝えるのかを予めはっきりとさせます。
②具体的に
　ただ「何故？」って訊くだけでは何に対して質問しているのか分からないです。
　また、質問される側も「？」になってしまいます。
　だから、具体的な内容にさせます。
③つなげて考える
　関連した質問です。
　つなげて質問しないと何のために質問しているのかが分からないので。だから、つなげた考え方でします。
④何に対しての質問か
　まずは何についての質問かを述べます。
　題がないと「何が訊きたいのか？」となってしまいます。

72

だから、まずは何についての質問かを述べます。
この４つです。
質問した時に「？」とならないように４つのことを気を付けます。

○終わりに
「質問しよう。」と簡単に言えます。
自然に使えて便利な方法です。
ですが、やはり質問する中でマナーやルールがあります。
このようなことに気を付けながら人に質問していきます。

「あの円と私たちの今」私の本 No.10
坂本風／2011.01.11・12

○はじめに
今日（１月11日）の出来事です。
６年１組はとてもよく変わりました。
今回はそんな６年１組の成長劇を書いていきます。

○円の中へ…
　始業式も終わり、さて教室に帰ろうとした時でした。菊池先生が前に並んでいた梅野さん、保手濱さんにコソッと何か囁きました。帰るだけなのに何を話しているのだろうと不思議でした。
　先生が話し終えると二人は出口とは違う方向へズンズンと歩き出しました。それに続け皆も歩き出しました。
　そして－、あの円へ座り出しました。
　４月７日以来だったから「あっ…。」としか言葉がありませんでした。

フッとちょっとにやけながら迷いなく座りました。座れていない人はいないかと後ろを向きました。
　「座れていない人いるからずれてー！」この声で入れるようにと皆がずれ始めました。
　すぐに全員が入りました。安心しました。
　その後、先生が「中学生を○○○。」について話しました。
　「中学生を越す人だけ教室に戻ってください。」
　残った人は誰一人としていませんでした。一人ひとりが堂々とその場を立ち去っていきました。

○全く違う
　ふつうに見たらただ、円の中に入って決意しているだけ…です。
　それだったら4月7日と比べても何も変わりません。上から見ただけで深く考えていません。だから、一つの物事に対して広く深く考えることが大切です。

○比較
　4月7日と1月11日を比べていきます。
　全体的に比べてみると同じようにとれますが、全然違います。全て違います。

	4月7日　行動	1月11日　行動
①	「円になって」と指示される。	「円になって」と指示される。
②	ダラダラと目的地へ。	スタスタと目的地へ。
③	円の前に来ると群れで固まる。	
④	群れ同士で座る。	一人ひとりが一人で座る。
⑤	円に入れない人を見つける。	円に入れない人を見つける。
⑥	無視。見て見ぬフリ。	「入れない人がいるからずれてー！」と声が飛ぶ。

❷私の本（冬休みノート）

⑦	見るに見かねた先生が「入れてあげなさい」と言う。	
⑧	ダラダラと詰めてやっと座れる。	スッとよけて座れる。
⑨	ボーッとしている。	次に備えて迫力姿勢。
⑩	先生から「リセット」の話。	先生から「中学校」の話。
⑪	リセット→変わるを決意。	中学生を越すを決意。
⑫	群れで固まり教室へ帰る。	バラバラで教室へ帰る。

　４月７日と１月11日の行動です。

　全く違うということが分かってもらえますかね。今から４月７日と１月11日の違いを書いていきます。

①無駄が多い

　４月７日は無駄な行動が多いです。するべきことをせずに、しなくてよいことをしています。２倍悪いです。自分軸に立って相手の目ばかりを気にしていました。

　今と比べ物にならないほどひどい状態です。

②悪いことしかない

　よい行いより悪い行いの方がダントツで多いです。

　これは、相手軸に立っていない証拠です。周りのことを気にかけていません。ふだんボーッとするのが当たり前すぎて、勢いが全くありませんでした。

③親切をしていない（知らない）

　卵からかえったばかりのヒヨコのようにしてもらうばかりで何も知りません。

　ただ冷たい視線だけをプレゼントして後は「知らんふり」でした。相手軸に立てていません。

④他人事だと思って

　円の中に入れない人がいても、無視していました。

　「私には全然関係ないし…。」と誰かしてくれるだろうと人任せで

す。皆が皆、同じことを思ったり、相手の顔を伺ったりしていて、ただ円の中に入れていない人に冷たい視線を送るだけでした。
⑤何も考えていない
　何に対してもトロトロと動きがおそかったのは頭の中で何も考えていなかった証拠でしょう。
　次に備えておくことなどはなかったです。ボーッとして何を見ているか分からない状態でした。
⑥固まって
　何かの行動があると必ず群れて固まっていました。一人で動くことを知りませんでした。
　この6つです。
　独立することを知らずに固まってばかりで本当の独立を知りませんでした。

　次に1月11日のことについて書いていきます。
①判断が早い
　「今から何が始まるのか」と素早い判断ができていました。自分の頭の中です。
②相手軸に立って
　円の中に入れない人がいました。それに気付いて「間、開けてー！」と言っていました。自分がもしあの状況におかれていたらどういう行動とってほしいか？と自然に考えていたからできたことです。でないとすぐにあんなことは言えません。すなわち、皆が一人のために相手軸に立っています。
③迫力姿勢で
　価値語をちゃんと行動へと示せていました。言葉で遣うだけが価値語ではありません。そのことを理解して美し過ぎる姿勢でした。一人ひとりが上っ面だけで挑んでいない証拠だと確信しました。

❷私の本（冬休みノート）

④目線は上

　体育座りをして先生の方へと目を向けていました。4月の頃は話し手へ目を向けずに目をそらしていました。

　今は違います。聴く気があります。聴く→頭に入れる→技能にするができているからです。

　これは可視のことを書いていますが、不可視の意味もあります。常に先に志を向けています。だから、可視と不可視、二つの意味でとれます。

　この4つです。
　この中で1つだけ疑問に思ったことがあります。それは、②です。「間、開けてー！」と言う必要があったということは見ておらず、意識が飛んでいたとなります。一人ひとりが心がけ何にでも目を向けることが大切ではないのでしょうか？"勿論"私もです。

○終わりに
　今日はNHKの取材です。先ほど書いたように意識を一点に集中させるのではなく、様々なところに集中させます。

P.63「釘抜かず」の解説

机と机の間に釘が出ていたときに、そこを通った人の反応には4つのタイプがあります。

【タイプ1】気付かない
【タイプ2】気付くだけ
【タイプ3】後で抜く
【タイプ4】すぐに抜く

③ 成長新聞

「成長新聞」は、自分や友達の成長したところに注目して、1年間の節目となる時期（1、2学期の終業式前や3学期の修了式、卒業式前など）にその成長の証を新聞にまとめる取り組みです。

　私は高学年を担任することが多かったのですが、6年生を担任すると、卒業が目の前に迫った時期に、子どもたちが少し落ち着かなくなることがありました。中学校進学を目前にした期待と不安から、不安定な気持ちになっていたのではないかと思います。

　そんな時期に、1枚の新聞に自分や友達の成長をまとめるという作業を通して、未来に向かってもっと成長していこうという気持ちを高め、落ち着いてこれまでを振り返る時間をつくろうと考えて始めました。

　最初に1年間の出来事を振り返ります。春の入学式から始まって、運動会、修学旅行、学習発表会…など。なかなか下書きのメモが進まない子どももいましたが、成長ノートを読み直したり、友達と話をしたりしながら、少しずつメモを増やしていきました。

　卒業間近に1年間を振り返る取り組みは、子どもたちから「自分の成長を残そう」「今まででいちばんよいものにしよう」という意欲が感じられました。完成した成長新聞は、B4判の紙に隙間なく文字が書き込まれ、一人ひとりの成長の喜びが紙面から伝わってきます。

　2010年度（平成22年度）には、子どもたちにとっての宝物になってくれればと思い、卒業式の前日に全員分の『成長新聞』を印刷し、製本したものを子どもたちに配りました。ここでは、その2010年度版を作成した全26人の児童の作品の中から15人のものを紹介いたします。

❸成長新聞

○ 平成 22 年度　北九州市立貴船小学校　6年1組　成長新聞集 ○

2010 年度（平成 22 年度）　北九州市立貴船小学校 6 年 1 組　成長新聞集の表紙と裏表紙

第1章　書くことで自分を見つめる

❸成長新聞

第1章　書くことで自分を見つめる

❸ 成長新聞

変化新聞
12月21日 〜みんなの足跡〜
坂本 風 著

一人ひとりが一丸と。

4月7日の体育館で。

みなさんは覚えていますか。4月7日の始業式の出来事を。体育館での始業式の時、菊池先生が「6年生残りなさい」と言われました。「まとまりがない」と言って座って下さいと言いダラダラとしながらも円になりました。少し表示されていても一応円で集まる事が出来ていました。本当のみんなの一円を作ってあげたのでしょう。菊池先生はこの4月7日の始業式を体育館で出来たような事があるのかこれを読んで何を思いましたか。

多望で多忙な運動会

5月下旬、ハラハラドキドキの運動会が始まりました。「7、8年と見ない6年生だ」あしたからない人物など多忙な日々ですが、確実に自信を取り戻していく6年生。そんな6年生に誘導したり、その運動会は今までを挽回する絶好の仕事があり、互いに伸び合う、助け合うなど様々な仕事を持っている。「自分一人な人が6年生を一丸とする事の出来る良い運動会となりました。

えびのようにどんどん成長

10月中旬、6年生が楽しみにしていた学習発表会でする劇の練習が始まりました。いつもとは違った気合いが入った練習で最初からテーマ「紙」にうまく挑みました。「どうしよう」と自信を持ちかねている人もいましたが、劇が進むにつれてその声は切磋琢磨するまとまりのあるにテーマが伝わるような表情に変わっていきました。私もテーマ通りに上手くいけるかなと思っていました。劇が終わって大きな声で「終わった」という事で成功だった事が分かりました。本当に一人ひとりの様々な苦戦をのりこえて来た事がよく出来た劇だったと思うのです。

6-1 成長記録

修学旅行準備
水泳記録会
運動会
防犯教室
初声発声運動
二分の一成人式
学校集会
大声言
渡辺明子さん
全校発表取材
陸上記録会
朝日新聞取材
シンボルマーク劇
新喜劇
成長新聞制作
心構知広生
団工広展・名言集・子供表議・この他にもありますが小さな行事がたくさんあります。これらは6年生が頑張って来た一部です。4月からの行事を書いて見て、この他にも小さな行事が出てきたかもしれません。

新たに言い合った事で変わるとはとても変わる事が出来た事が出来ない4月7日の体育館での出来事「円を作って下さい」と言われて対しての反省をかして成長していくテーマ「閉じた円の関係」から、クラスも人も変わっていく事が出来たのです。一人ひとりが成長して、人もとして成長しているのだから、これからも互いに合いながら今まで成長して来た足跡を思い出しながら自立していき今から自律していきます。これから辛い事があろうとも6年生があれば一人ひとりの足跡があるから辛くなしい。

83

第1章　書くことで自分を見つめる

▼

6-1の成長　進化新聞　作：野田 美沙希

リセットはじめかつ…

成長したと思いますが、皆さん此のクラスは私は成長が付け足されていると思います。でも成長を受け止めている人はどれ位居たりしているんだろう？何故なら思うからです。其れは一緒に考えてみましょう。私は五月の終わりにしている人が居るのはで、先生のスパルトになった学校の中ではで、先生の人がり立てて頑張れと人が何人居るんしましたが最後で、それが6-1の成長スタートです。

自分から成長する

6-1は十人十色を大切にしています。例えば話をしている人に対して、ちゃんと目を見て話すことと言うことをきちんとしている人は今どれ位いますか？例えばそれらは話したりする人はどれ位いるのでしょうか？そうしたらなど無言で…。ですからメリットがあります。まずずっと聞く意識があるので何度も言わなくて良い。②頭に残りやすい。③話している人が気持ちいい。これらはメリットなどがあります。それ以外にも「めんどくさい」というあなどの気持ちがあるかもしれません。そうすることに決まって自分以外の人の心を想像できます。

成長が形に！

リセットの始めにこんな問いをしました。「此のクラスは成長したと思いますか？」もしあの頃に戻って聞いてみたらクラスの皆さんは「うーん」と思い困っていたと思います。その理由は①男女がわかれている。②皆が公の場では言葉を発せれない。など。そこでアンケートをしたんですが、比のクラスは「成長した」と答えた人全員でした。ぼくらクラスになったとかいじめがなくなった。こんな人全員で成長したら私のクラスはとんとんと成長して続いていくというよい事でしょう。

6-1の変わった所

4月7日のリセット次に知り群れをで入ろうとしたからにはマイナスを0（ゼロ）にしなくては、だから犬の「山」の絵に変えました。

①公を知り群れずをおかしいと考えられるようになってきて成長したねと言われるようにあります。②集団は公人、群れをできらないからするよう全ての行動をプラスにするように心がけていこうとしているように思います。

値直すが業

③教室のほかからな空気が感じられまの一番薄い空気が増えた。①成長したと自分で見て感じかられたで。②授業以外の時度・帰りさ・目って。③目など。

このような事を言ってくれました。だからこそこの成長を踏み台にしてもうっと成長したいと言いました。もっと成長して「卒業式」にはならってもらえるようにしましょう。老人全員で。

❸成長新聞

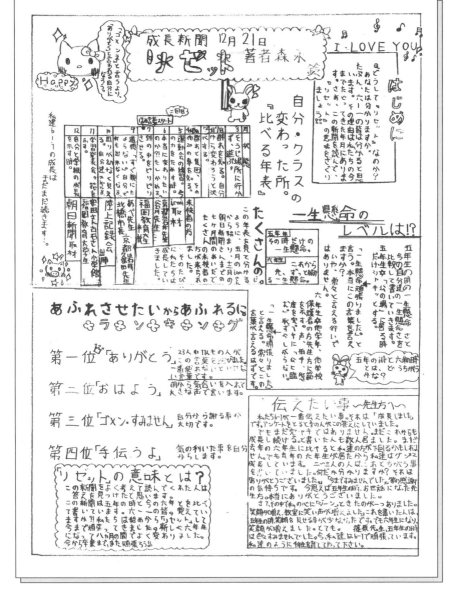

第1章 書くことで自分を見つめる

❸成長新聞

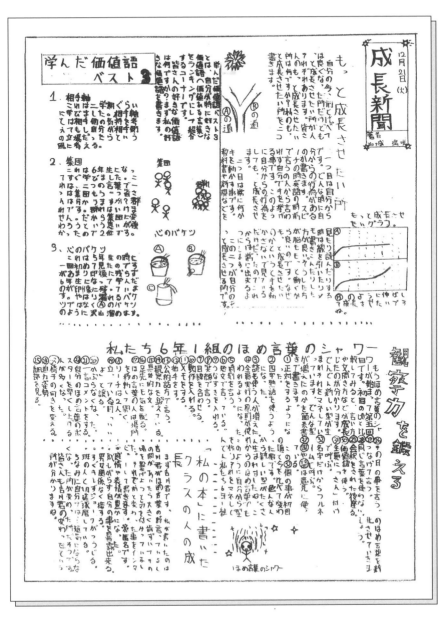

第1章 書くことで自分を見つめる

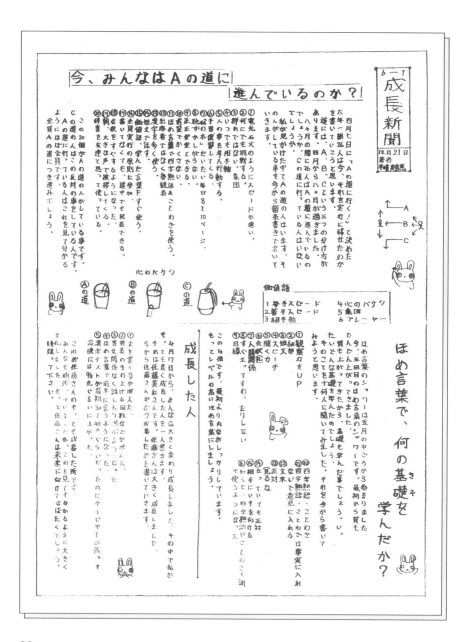

❸成長新聞

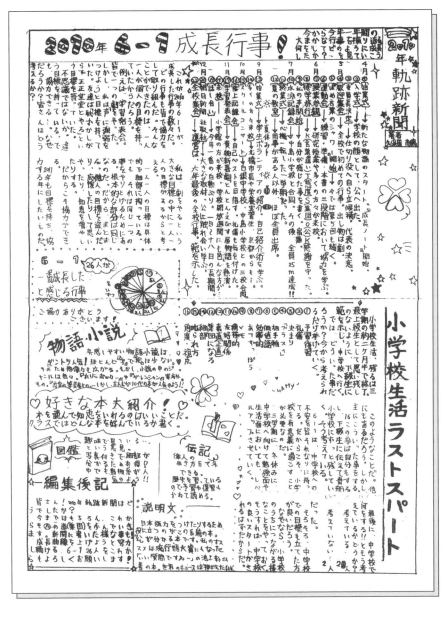

第1章　書くことで自分を見つめる

❸成長新聞

公新聞 12月21日
責任者 水上伽々里

変わったきっかけ

変わったきっかけ。今考えてみても難しい。私の変わったきっかけを一度は深く自分の変わったきっかけを考えてみましょう。私の変わったきっかけはあります。その一冊の中から十二月十三日の成長ノートに書かれていた事は。そう、四月七日の今までに書いていた事を見直していました。その中にとても印象に残っていた事があります。皆もライバルという事を考えた事がありますか？今、私は良いライバルの友達がいます。友達でありライバルです。その事は絶対に小さい事では無いと思います。自分とその友達の関係はとても良いライバル関係にあります。自分の変わろうとする強い気持ちと周りの友達。変わったきっかけはあなたの何ですか？

中学校へ向けて…

中学校で何が大事か考えてみた。一番に頭にうかんだのが挨拶だった。中学生になるとすごく人と人とのコミュニケーションが大切になるからだ。今、一冊の中にも一人の女性の短い詩があった思いで作ってみた。挨拶をキーワードにした。意味がとても良くこめられた詩だと思い、中学校になるまで後三ヶ月あるかないか、この詩を大切に教室の中にも。

「挨拶」は行為で始めるんだよ。今。
(山城さんの名言より)

挨拶
挨拶
挨拶する。
せまる。
せまろ…
えしゃく。
「時に会った時や動的な作業を言われ等。」
友鍛えます。

中学校への準備ベスト5!!

1位… 本格的な夢をもつ!!
・夢は大事です。だから一つの夢をもち、その夢に向かって進んでいく。夢をもって、目標をもって卒業しよう!!

2位… 厚情のある人へ!!
・厚情とは、思いやりのある心。中学生になりより良く思いやりをもつ。思いやりをもっと人に知れる。好かれたら自分が嬉しい! 自分の為に。

3位… 校風を守る!!
・中学校には中学校なりの習慣があると思います。それをきちんと守っていく。小学校の守りもいかしていく、新しい校風も学んで守っていく。

4位… 是正をする!!
・まだダメな所があります。それを中学校へ向けて正しくなおす。正しくなおして自分をみがき、周りの人も育てていく。

5位… 無知にはならない!!
・知恵がない頭にするんじゃなくて、知恵のある頭にする。知恵がある頭にするにはまず読書だ。そして、レベルを上げていく!!

皆も、私のベスト5!! を使って考えてみて下さい!!

改めて考えると色々あった。過去の事。未来の事。比べて考えてみても良い!
皆も今の自分と未来の自分を考えたり、自分の○○ベスト5!! を作って考えてみて下さい。
私も今から公という未来に向かって成長していく

第1章　書くことで自分を見つめる

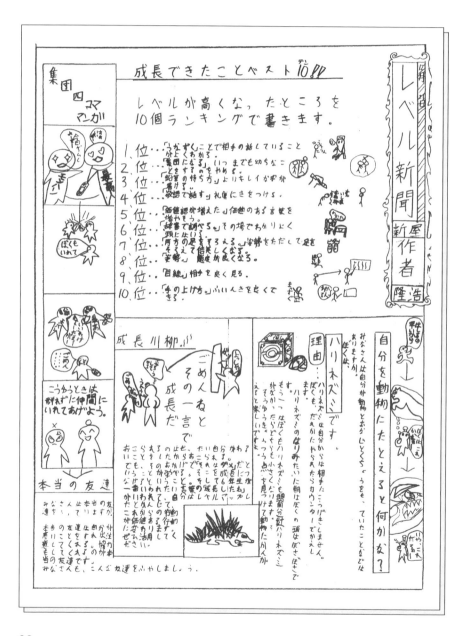

❸成長新聞

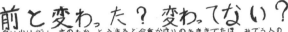

第1章 書くことで自分を見つめる

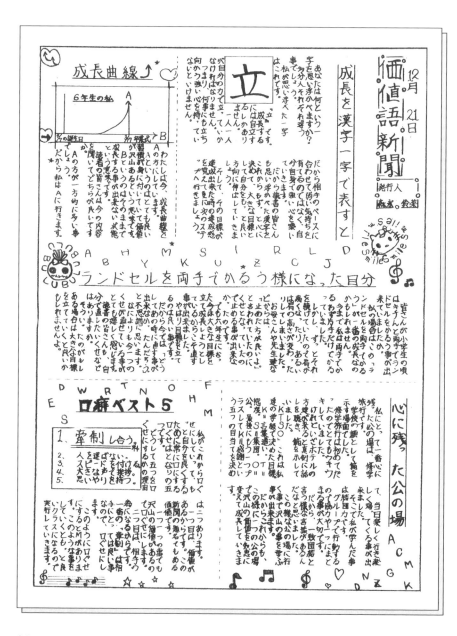

第2章

書くことで社会とつながる

❶
コミュニケーション大事典

❷
メールマガジン（メルマガ　キッズ）

❸
新聞 投稿、記事掲載

1 ▶ コミュニケーション大事典 ◀

　この章では、「書くことで社会とつながる」ことをめざした3つの実践を紹介します。
　私はこれまで5つの「菊池省三が考える『授業観』試案」を発表してきました。その②（次ページ参照）の中で、「1年間を見通してアクティブ・ラーナーを育てる指導の3つの方向性」を考えました。

> ①全教科・全領域の指導の中でみんなと対話をする経験
> ②主に総合的な学習の時間を柱に誰かに提案する経験
> ③主に係活動を中心とした特別活動の領域でみんなを巻き込んで活動する経験

　私は、年齢も職業も異なったいろいろな立場の人が集まって、よりよい方向を見出していこうと議論する場が社会だと考えています。
　一人ひとりの個が確立し、絆の強い集団の中で、常に自分を振り返りながら、「自分をより高めていこう、よりよいものを協同して見つけていこう」と考えられる人間を、教室の中で育てたいと実践を重ねてきました。
　コミュニケーション力を大事にした集団・社会をつくり、よりよい社会を生きていくことができる人間を育てることが学校教育の役割だと考え、教室そのものを社会にしたいと考えています。
　教室の中だけで完結するのではなく、社会につながった教室をいつも意識していました。

❶コミュニケーション大事典

菊池省三が考える「授業観」試案② ver.1

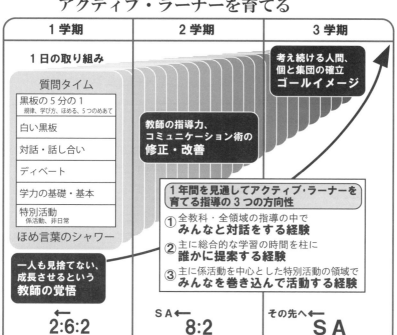

1年間を見通した
「主体的・対話的で深い学び」の実現
アクティブ・ラーナーを育てる

1学期	2学期	3学期
1日の取り組み	教師の指導力、コミュニケーション術の修正・改善	考え続ける人間、個と集団の確立 ゴールイメージ

質問タイム
黒板の5分の1
規律、学び方、ほめる、5つのめあて
白い黒板
対話・話し合い
ディベート
学力の基礎・基本
特別活動
係活動、非日常
ほめ言葉のシャワー

一人も見捨てない、成長させるという 教師の覚悟

1年間を見通してアクティブ・ラーナーを育てる指導の3つの方向性
① 全教科・全領域の指導の中で みんなと対話をする経験
② 主に総合的な学習の時間を柱に 誰かに提案する経験
③ 主に係活動を中心とした特別活動の領域で みんなを巻き込んで活動する経験

2:6:2　　SA←　8:2　　その先へ←　SA
個>全　　　個<全　　　　個≧全

価値語、成長ノート、成長年表

※SAとは、「SuperA」。「S←A←B」の成長過程のさらに上をさす。

97

第 2 章　書くことで社会とつながる

　そうした思いの中、2005 年度 (平成 17 年度) に北九州市立香月小学校で 6 年生を担任した際に、「コミュニケーション大事典」という本を、クラス全員の子どもたちと作りました。生活的にも厳しい地域の子どもたちでしたが、コミュニケーション力を分析して、「コメント力」とか「説明力」とかというテーマを一人が一つずつ決めて、完全に個別化された学習をしました。

　一人ひとりテーマが違いますから、新聞社に話を聞きに行ったり、ＮＨＫのアナウンサーやデパートのインフォメーションのお姉さんにインタビューをしたりして、「〇〇力」について、4 ページずつの原稿にまとめるという取り組みでした。

　そして、それを簡易印刷で教室の中だけで共有するのではなく、趣旨に賛同していただいた地方の出版社にお願いして、全ページカラーの本として形にしていただき、実際に販売するに至りました。

　その後、2014 年 (平成 26 年) に「復刻版」という形で全国に向けて発行することができました。その際に書いた「復刻版の刊行にあたって」から引用します。

> 　今でも、あの時の 12 歳の子どもたちの顔と声を覚えています。
> 　筑豊炭坑跡の小学校でした。生活も決して豊かとは言えない地域でしたが、純朴な子どもたちでした。
> （中略）
> 　そんな 34 人の子どもたちが、9 年前に学習の成果をまとめた本です。一人ひとりがテーマを持って調べ、各自がまとめ、それを 1 冊の本にしたのです。
> 　当時、新しく入った「総合的な学習の時間」を中心に、半年かけて取り組んだ「学習」の成果として、出版という形で世に問うた 1 冊の本です。
> 　小学生では初めての挑戦と言われました。
> 　その頃の教育界は、「『ゆとり』か『学力』か」……学力観が、大

❶コミュニケーション大事典

きく2つに揺れ始めていた時でした。

教室にいた私は、「どちらも大切」という考えでした。そんなことは、当たり前のことだと思っていました。

中央で行われているそのような議論なんかよりも、目の前の子どもたちの事実とその成長が大切でした。限られた時間の中で、子どもたちのやる気を育て、子どもたちの学ぶ力を育て、これからの時代に必要な価値ある人間を育てたいと強く思っていたからです。

(中略)

国語教育界の授業名人と言われる野口芳宏先生からも、「この本は、昭和の綴り方教育に匹敵する平成の作文教育だ。この本は、名作だ」

といった有難いお言葉もいただきました。

その後、地域エコノミストの藻谷浩介氏と対談させていただいた折には、「コミュニケーション大事典」を「現代の『学問のすゝめ』だ」と評していただきました。

この本では、「コミュニケーション大事典」を作る過程で、子どもたちがそれぞれのテーマについて構想し、調べ、考えた努力の過程が分かる下書きを、完成したページと共に紹介いたします。

第2章 書くことで社会とつながる

○ 小学生が作ったコミュニケーション大事典 【5 うなずき力】 ○

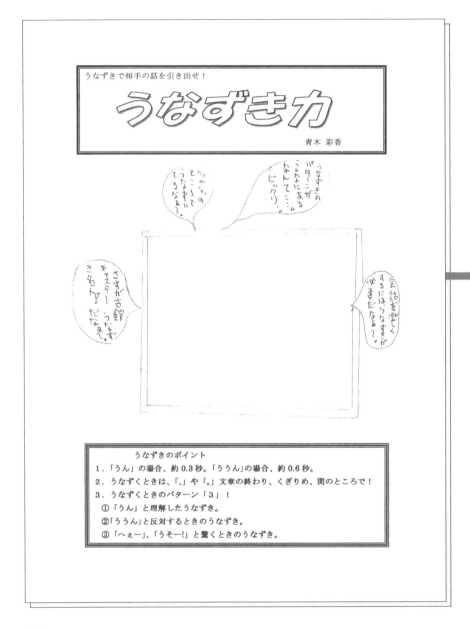

❶コミュニケーション大事典
▼

第２章　書くことで社会とつながる

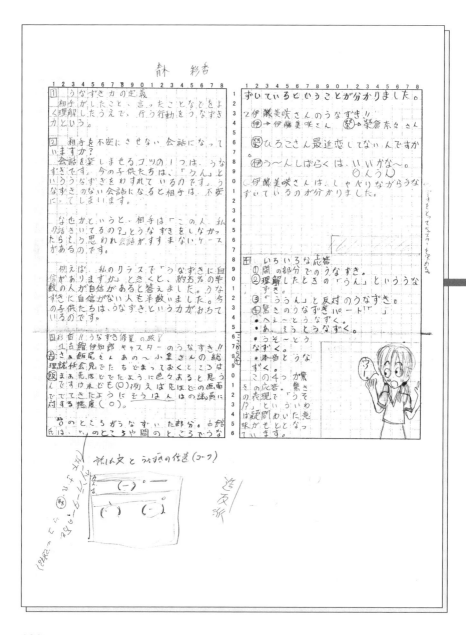

❶コミュニケーション大事典

5 うなずき力

日本初！小学生が作ったコミュニケーション大事典

１．「うなずき力」っていったいな～に？

相手がしたこと、言ったことなどをよく理解したうえで行うことのできる『しぐさ』をうなずき力という。

２．相手を不安にさせない会話になっていますか？

会話を楽しませるコツの１つに「うなずき」がある。今の私たちは、「うん」といううなずきを忘れているようだ・・・。
クラスで「うなずきに自信がある人？」と聞くと・・・・約35％の人しか自信があると答えられなかった。

うなずきのない会話になると、相手が不安になるケースも多い。なぜかというと、相手は「この人、私の話を聞いてるの？」と思い始め、会話がすすまない状態になるからだ。

３．彩香！うなずき修行の日々！

・・・ということで、私はうなずき修行の旅に出ることにした。うなずき名人と思われる人を訪ねて行ったのである。名人の出ているテレビを録画して、繰り返し、繰り返し見たのである。

①古館伊知郎キャスターのうなずき！
◎ニュース番組「報道ステーション」
・古→古館伊知郎・コ→コメンテーター
なぜ古館キャスターを選んだかというと、番組を毎日見ていて真剣な表情で相手の話を引き出す名人だと思ったからだ。

> 古：さぁコさんあの小泉さんの総理就任会見で立ちどまっておく所は？

> コ：まぁ先ほど出たように色々あると思うんですけれども、（○）例えば先ほどの画面にでてきたように造反派議員に対する態度（○）。
> ※（○）の部分がうなずき部分

②大人気の伊東美咲さんのうなずき！
◎ドラマ「危険なアネキ」
・伊→伊東美咲 ・榮→榮倉奈々
（ひろこさん→伊東美咲さんの役名）
なぜ伊東美咲さんを選んだかというとドラマの中で、雰囲気に合わせたうなずきをしていたからだ。

> 榮：ひろこさん最近恋してないんですか？
> 伊：う～ん、しばらくはいいかな～。
> ※しゃべりながら数回うなずく。

③今、最も有名な環境大臣の小池百合子議員のうなずき！

なぜ小池議員を選んだかというと、記者から質問されていた時に答えながらうなずいていたからだ。小池大臣のうなずきは、インタビューをしている記者の話の切れ目や文の終わりで行われていた。
相手の記者も話しやすいようだった。

> 《彩香！ビデオ分析のまとめ！》
> ・古館キャスターは、相手の話をうなずきで引き出す名人！
> ・伊東美咲さんは、その場に合ったうなずきが自然にできる天使！
> ・小池百合子議員は、相手が話しやすいようにうなずく輝く女性のリーダー！

４．色々な応答【うなずき】発見！

①理解した時の「うん」といううなずき。

42

第2章 書くことで社会とつながる

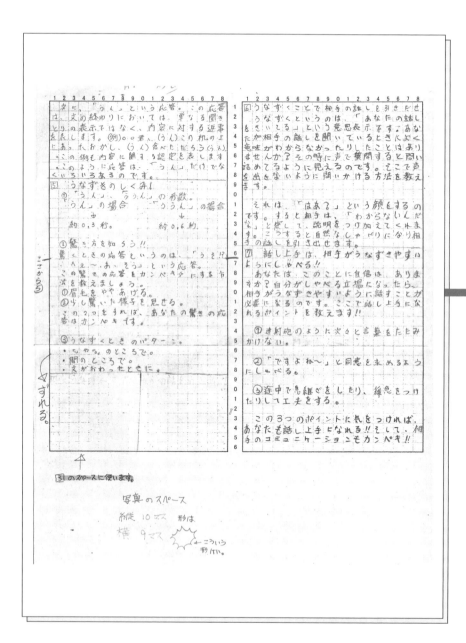

❶コミュニケーション大事典

②間の部分のうなずき。
③「ううん」と反対を表すうなずき。
④驚きのうなずきベスト「４」。
・「へぇ〜」とうなずく。
・「あ、そう」とうなずく。
・「うそ〜」とうなずく。
・「ホント〜」とうなずく。
　この４つが驚きの応答だ。「うそ〜」という疑問めいた意味がもととなっている。
　次に、「うん」という応答。この応答は、文の終わりにおいては、単なる聞き取りの表示ではなく、内容に対する返事を表す。(例)〇〇君、(うん)この机の上にあったお菓子、(うん)たべただろ(うん)。この例も内容に関する認定を表すのだ。

　このように応答は、『うん』だけでなく色々あることが分かる。

５．うなずきのしくみ！

①「うん」、「ううん」の時間は秒数
＊『うん』の場合　＊『ううん』の場合
　　約0.3秒　　　　約0.6秒
②２つのおどろきを表すうなずき方！
　驚きの応答は、「うそ〜、うそ〜、あ、そう」という応答。この驚きの応答をカンペキにする方法を教えよう！
・まゆ毛をややあげる。
・少し目を大きく開く。
③うなずくときのタイミング！
・「,」や「。」のところで☆
・間のところで☆
・文の終わりで☆

６．うなずきで相手の話を引き出せ！

　うなずくというのは、「あなたの話を聞いているよ」という意思表示。あなたが相手の話を聞いている時に、よく意味が分からなかったことはありませんか？その時に声で質問すると、問いつめているように見えてしまう。そこで、声を出さないように問いかける方法を教えよう。

　それは、相手に「はぁ？」という顔をするということだ。すると相手は、「分からないんだな」と察して説明を付け加えてくれる。こうすると自然なしゃべりになり、あなたも相手の話を引き出せる！

７．話し上手は、相手がうなずきやすいようにしゃべる。

　あなたは、このことに自信はありますか？自分がしゃべる立場になったら、相手がうなずきやすいように話すことが必要になるのだ。ここで話し上手になれるそのポイントを教えよう！

①速射砲のように次々と言葉をたたみかけない。
②「ですよね〜」などと同意を求めるようにしゃべる。
③途中で息継ぎをしたり、緩急をつけたりして工夫をする。

　この３つのポイントに気をつければ、あなたも話し上手になれる！そして相手とのコミュニケーションもカンペキになるのだ☆
　私といっしょにあなたも「うなずき名人」に！　次のページも読んでね！！

5 うなずき力

日本初！　小学生が作ったコミュニケーション大事典

43

第2章 書くことで社会とつながる

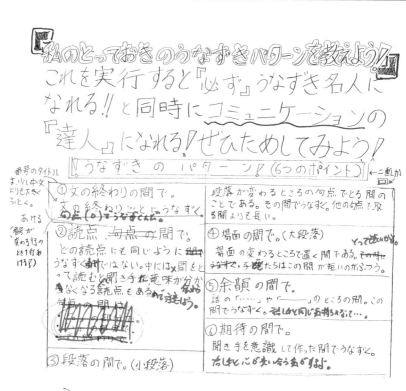

❶コミュニケーション大事典

『私のとっておきのうなずきパターンを教えよう！』

うなずき力がアップすると、会話力もグングン伸びます！

「これ」を実行すると必ずうなずき名人になれる！
と同時にコミュニケーションの達人に・・・・！！
ぜひ試してみよう♪

「うなずきパターン！」（6つのポイント）

① 句点の間で！ ・文の終わりごとにうなずく。 ・句点（。）でうなずく。	う な ず き 大 事 典 ！	④ 場面の間で！（大段落） 場面の変わるところでおく間である。子ども達はこの間が短いのがふつう。
②読点の間で！ どの読点にも同じようにうなずくわけではない。中には間をとって読むと、聞き手に意味が伝わらなくなる読点もあるので注意しよう！		⑤ 余韻の間で！ 話の「・・・」や「ー」のところの間。 この間でうなずく。話し手と同じ気持ちになって・・・・。
③ 場面の間で！（小段落） 場面が変わるところの句点でとる間のこと。その間でうなずく。他の句点で取る間よりも長い。		⑥ 期待の間で！ 聞き手を意識して作った間でうなずく。 話し手と心が交い合う気がするよ。

この6つがうなずきパターン！！あなたがこの6つのポイントを知っておけば…
会話も楽しくなり、相手を『不安』にさせたり『沈黙』の会話になったりしないのだ!!

5 うなずき力

日本初！ 小学生が作ったコミュニケーション大事典

第２章 書くことで社会とつながる

小学生が作ったコミュニケーション大事典 【8 姿勢力】

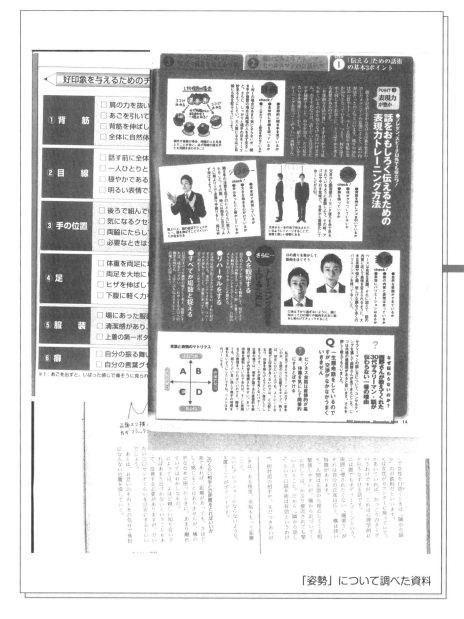

「姿勢」について調べた資料

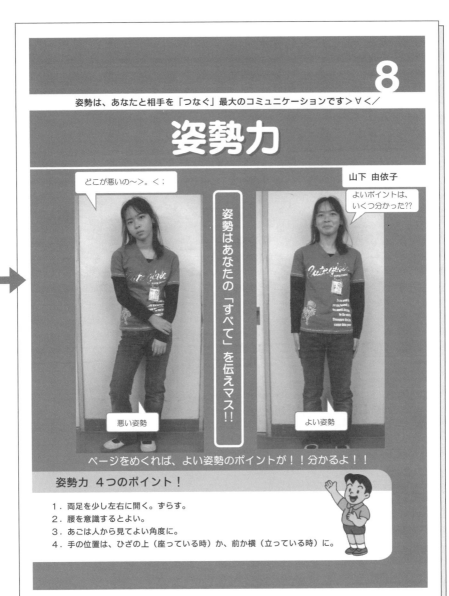

第2章　書くことで社会とつながる

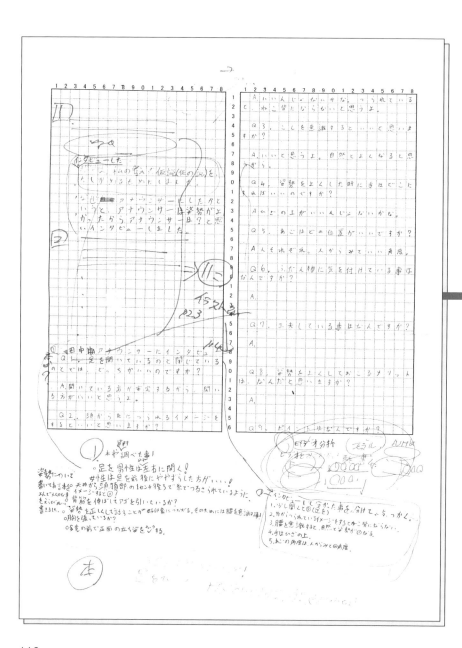

❶コミュニケーション大事典

8 姿勢力

日本初！ 小学生が作ったコミュニケーション大事典

１．「姿勢力」ってどういうこと？

コミュニケーションの場で、相手に失礼のない態度を示し続けることのできる力のことである。

２．今の子どもの姿勢は・・・

今の子どもはどうして姿勢が悪いのだろう？私もその子どもの中の１人だ。姿勢をよくしようと思っても、よくないクセがついてなかなか直らない。だからといってこのままだと・・・。

胸を張って堂々と話す人と、体を不自然にゆらしながら話す人の発表とでは、同じ内容でも胸を張っている人の方が聞きやすく、気持ちいいだろう。

コミュニケーションに必要なことの多くは、態度で決まるものだと思う。姿勢によって聞き手の印象が大きく変わるからだ。

姿勢は、よい方が断然いいのだ！

質の高いコミュニケーションを行うために姿勢は重要だと私は考え、そのポイントを見つけようと調査活動を始めた。

３．私の調べ活動

①ビデオ分析をして分かったこと

◎「めんたいワイド」キャスターの城あすかさんの姿勢。

> ①胸を張り、背筋が伸びていた。（腰を意識しているだろう。）
> ②足を前後にずらしで安定していた。
> ③あごは人からみてよい角度！
> ④手は足の横（立っていた時）に自然と。

◎「お笑い処方箋」若手芸人はなわさん達の姿勢。

> ①肩幅くらいに足を開く。手は横か前。
> ②あごは引きぎみ。
> ③腰を意識して背筋を伸ばす。

◎「ぐるぐるナイティナイン」女優財前直見さんの姿勢。（ゲスト出演した時）

> ①胸を張っている。（腰を意識しているだろう。）
> ②座っている時、手はひざの上。立っている時、手は横。

このようにビデオを分析して、私なりのよい姿勢の「仮説」がうまれてきた。

②ＴＶアナウンサーにインタビュー！

ＴＶ局のアナウンサーにインタビューをした。その理由は、ビデオ分析で見つけた私の仮の説を確かめたかったからだ。また、実際にテレビで見ているアナウンサーは姿勢がよいので、この目でそれを確認しようと思ったからだ。

インタビューをして分かった事を５つにまとめてみた。

> ①少し足を開くとよい。
> ②頭のてっぺんから糸でつられているイメージをすると、ねこ背にならない。
> ③腰を意識すると姿勢がよくなる。
> ④座っている時は、手はひざの上。
> ⑤あごの角度は、人から見ていい角度。

③ファッション雑誌や専門の本を読んで調べた！

インタビューで知ったポイントを、雑誌「セブンティーン」「ハナチュー」のモデルさんの写真や、話し方に関係する専門の本「人前で上手に話せる本」「話す

54

111

第2章　書くことで社会とつながる

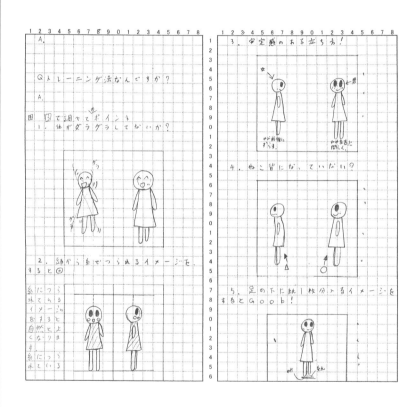

❶コミュニケーション大事典

「日本語面白ゼミナール」などの姿勢に関する記述を調べて確かめた。次のようなことが、ハッキリと分かった。

① 【男性】は、足をやや左右に開くとよい。女性は、前後にずらした方がよい。
② 天井から頭頂部の1センチ後ろで糸につるされるように、イメージするとよい！
③ 背筋を伸ばしあごを引くのがよい。
④ 腰を意識すること！
⑤ 胸を張っているか？張るとよい。
⑥ 鏡の前で正面の立ち姿をチェックする。常に自己評価する。
⑦ 立っている時、手が前か横にある。

これが多くの本を読んで確認したり、新たに調べて分かったりしたことだ。

4．調べて分かったポイントのまとめ！

姿勢力をつけるための究極のポイントとして私は次の４つを提案したい！！
①【足】両足を少し左右に開く。
男性は肩幅くらいに左右に開き、女性は少し前後にするのが安定してよい。

②【腰】腰を意識し下半身を安定する。
腰を意識すると自然と姿勢がよくなる。ねこ背だと格好悪いからやめた方がよい。
もちろん、もっと聞きたい時にひざに手をついてねこ背っぽくなるのはOK！

③【顔】あごは人からみてよい角度！
なぜ、あごは引きぎみがよい！と書かないのか分かりますか？ インタビューした時に「上に目がある人は、あごを引きぎみにすると、目がにらんでいるような感じに見えてしまう。」と聞いたからだ。聞き手の受け止め方が重要だと考えたのだ。人から見てどう見えるかで角度が決まるのだ。姿勢も相手中心だということだ。

④【手】手の位置はひざと横！
インタビューやビデオで調べたところ、座っている時の手はひざの上がよく、立っている時は、横に手を置くのが自然でよいことが分かった。

5．姿勢についての学級での取り組み！

最後にとっておきの情報を！？
私の学級では『全国姿勢をよくする運動推進連盟』というものがある。よい姿勢を広めよう！と友達が作った楽しい連盟だ＾０＾／ 「全国」というのがいい！
主な活動内容は、「朝の会で1分間、最高の姿勢をしましょう」など時間と内容を決め、クラス全員によい姿勢を定着させることである。
このような「係」を作るのも、相手との心地良いコミュニケーションを築くきっかけになる。ぜひ、お試しあれ！！

55

113

第2章　書くことで社会とつながる

あなたも姿勢の達人になれるリスト！

姿勢のポイント！チェック表✓(チェック)

番号	内容	1日目	2日目	3日目	4日目	5日目	6日目	7日目	8日目
1	足を少し開く。								
2	あごは、いい角度！								
3	目線は聞き手へ！								
4	立っている時、手は横か前。								
5	腰を意識して、伸ばす！								

あなたの姿勢は、どうですか？これで毎日姿勢をチェックして、よい姿勢を作りましょう！そして人から「あの人、姿勢いいな！」と思われましょう★

1点 →	できなかった。
2点 →	そこそこ><;
3点 →	ふつうだった。
4点 →	まあまあ！
5点 →	できた^○^

これを使って、よい姿勢をみがこう！

114

❶コミュニケーション大事典
▼

8 姿勢力

あなたもよい姿勢の達人になれるチェックリスト*´д`*

目標：「　　　　　　　　　　　　　　　　　　　」

番号	内　容	1日	2日	3日	4日	5日	6日	7日
1	足を少し開く。							
2	あごは、いい角度！							
3	目線は聞き手へ！							
4	立っている時、手は横か前。							
5	腰を意識して伸ばす！							

あなたの姿勢は、どうですか？
これで毎日姿勢をチェックして、よい姿勢を作りましょう！
そして人から「あの人、姿勢がいいな！」と、思われましょう☆

1点→	できなかった―＿―
2点→	ありゃりゃ＞＜；
3点→	ふつうだった。
4点→	まあまあ！
5点→	よくできた＾0＾

これを使って、よい姿勢をみがきましょう＞∀＜

書く時も話し合う時も姿勢に気をつけて！

よい話し手を育てるのはよい聞き手です。安心して表現できる関係をつくろう！

自分の「最高の姿勢」で相手と出会いたいですね！

姿勢をよくするのも思いやりだね。

日本初！ 小学生が作ったコミュニケーション大事典

56

第2章 書くことで社会とつながる

○ 小学生が作ったコミュニケーション大事典 【17 計画力】 ○

❶コミュニケーション大事典

17 計画力

計画力は、自分への安心感と相手への安心感をうみ出す力。

吉田　稚菜

この２つのマンガを見比べて！どこが違うのかな？

計画力があるといいよね！私がそのポイントを解説します。

計画力の４つのポイント

1. 「目的分析→準備→本番→振り返り」のサイクルを実行する。
2. 目的と機能を活用する。
3. 聞き手の決定権を考えながら話す。
4. 振り返るときは、たくさんの人の意見を参考にする。

117

第2章 書くことで社会とつながる

吉田 稚菜

1 計画力の定義

計画力とは、相手とのコミュニケーションをより豊かに、より正しくするために、スピーチやディベートの流れ「準備→本番→ふり返り」を前もってすることである。

2

その場の思いつきで話す子供達には計画しない、「今のなんだ？」「なんであんないいかげんしいていて分かりみがないかしないふり返りのわるい子供をふくめるためにも計画力が必要だ。

子供たちは計画しない、話す順序はいい、何の準備もしない、話を聞くかた、もう一度聞きたがる、それもそのはず、自分でいいなと思っても他人から見ればつまらないかもしれないのだ。自分がいいなと思ってもみんなからしたらよくないのかもしれない。次もこれでいくかやり方を変えるかはふり返りでしか分からない、だから計画力が必要だ。

3 計画力を身につけよう！

①記者にインタビュー
Q1 準備→本番→ふり返りでどれが一番大切か。
A 準備が一番大切です。

Q なぜ一番準備が大切なんですか？

A それは、本番をよりよくするためだからです。

説明

Q2 ふり返りはどのようにする人ですか？
A 1つ1つていねいに他の人に意見を聞きながらふり返ります。
Q なぜ1つ1つふり返るんですか？
A 悪い所だけふり返って、自分から見て「いい」と思っていても他人から見ると「悪い」かもしれないからです。

説明
　ふり返りは次のきかいに役立つ。このふり返り方はいわば王道。このふり返り方をすれば、きっと次にやくだつはず!!

[写真]

②新聞記者へのインタビュー
Q1 準備で一番大切なものは？
A・目的をさぐる。

この2つ。

説明
↓目的をさぐるとは、まず、なぜインタビューやスピーチをするのかを考えるという意味だ。スピーチなどは「情報

❶コミュニケーション大事典

17 計画力

1.「計画力」ってなんだろう？

計画力とは、相手とのコミュニケーションを、より豊かに、より正しくするために、スピーチやディベートの流れ『目的分析→準備→本番→振り返り』を前もって見通すことのできる力のことである。

2．その場の思いつきで話す子ども達・・

『今の子ども達は計画力がない。』
皆さんは、何も準備していない、話す順序もめちゃくちゃだ、という話を一度は聞いたことがあるだろう。・・・
このような話し方は聞き手に不快感を与える。実際その話を聞いて、
「もう聞けない。話がバラバラ。」
と思ったに違いない。
このような、話し方をする人は、計画力が少し足りないのだ。
もしかしたら、あなたの話し方も・・・
そこで、計画力をつけるために、私といっしょに考えてみましょう。

3．計画力の秘密大公開！！！

①司会者にインタビュー
結婚式の司会を２０年近くもされている、米澤昌子さんと、３年間されている、中村千佳子さん・尾上千恵さんにインタビュー！！その秘密インタビューで分かったことを、この本を読んでいる人にだけに特別に教えます！

・目的分析→準備→本番→振り返りで一番大切なのは、準備。
・準備にかかる時間は、時には本番スピーチの200倍〜300倍になることもある。

・振り返りは、１つ１つていねいにたくさんの人の意見を聞いて行う。

＜プロ司会者にインタビュー＞

②新聞記者にインタビュー
今度は、朝日新聞社の佐々木さんにインタビュー。インタビューした理由は、新聞記者は、前もって計画を立てて記事を作る必要があると思ったからだ。

・準備で一番大切なことは、自分に必要な情報収集をすること。
・なぜ、インタビューやスピーチをするのかを考えること。

以上の二つが分かったことだ。

③本との戦い
10冊以上の本と戦い(本を読み)、「うん、これだ！」と思った本を１つ紹介。
「上手な話し方が面白いほど身につく本」櫻井弘著（中経出版）引用開始。

『何とかなるだろうがまちがいの原因。自分自身で、「話すのが苦手です。」と言う人に限って準備を十分にしていない」という傾向があるように思います。「どうにかなるだろう」と油断していると、話で恥をかいたり変に失敗してしまうんです。』

第2章　書くことで社会とつながる

吉田雅菜☆

を伝達するというのが目的。2つ目も

◎計画のポイント解説　準備の期間などの記入4項目がある。

1 準備→本番→ふり返り
まず準備するとは目的をさぐる、メモを作る、リハーサルをするだ。メモは短時間でつくれるので時間がないためには、原こうよりメモでうつしてもいい。リハーサルには、ビデオとかどうでしょう。リハーサルするときは本番を必ずシュミレーションしよう。準備した通りにすすめるかどうかもとり合い。

ふり返りは、インタビューのときにもあるよ。1つ1つていねいにふり返ろう。他人の意見もききこう。自分ではきがつかないクセ（話の最初に必ずえーとっているな）をしてもらうとよいよ。

本番をシュミレーションする（準備）
上に書いたように準備をしたらリハーサルをしよう。本番をシュミレーションするときに、どんなことを意識すべきか？声の大きさはどのくらいがよいか？どのくらいの時間でいうか？ものシュミレーションはいつでもできるから、ちょっとしたスキマ時間にしてみてもよい。

ここからです。
3 たくさんの人の意見を参考に（ふり）
ふり返るときはたくさんの人の意見を参考にしたほうがよい。ふり返りがなぜかというと、たくさんの人からたくさんの意見が出るで自

分では分からなかったところとか、アドバイスとかもらえて、次のスピーチするとき、気を付けたらいいことがたくさんわかるからだ。

用　ちょっとしたコツ

①日ごろからできる計画〜合言葉へ

・準備が本番を決めるカギ。　準備を成功にするための大事なカギ。このカギをつよくするのに準備をたくさんするのだ。
・ふり返りをして次に書くだしょう。　ふり返りは、やりっぱなしではいけない。ふり返り準備を永遠につづくのだ。ふり返りはするだけでは意味がないからね。ペアを探そう！
ふり返るときには、「たくさんの人」は最初からはむずかしいので、2人1組のペアをつくって、スピーチの意見サ

② 計画力をのばそう
　この本づくりを通して…

アドバイスを言っ合おう！

（表）

計画の表	種類	準備	本番	ふり返り
時間	本番の200〜30倍	そのときで変わる。	本番の50倍。

❶コミュニケーション大事典

引用終了。この本は要するに、「上のような失敗は、準備をしないと起こりますよ〜」と言っているのだ。ということは、準備をしないから起こる失敗だから、十分な準備をすれば、大丈夫なのだ！！

４．計画力のポイント解説

①目的分析→準備→本番→振り返り
　これは計画力の基本。これができればもう半分はバッチリ。この中で一番大切なのは、十分な準備だ。
　スピーチとインタビュー、ディベートでは、だいたいの流れは一緒だけれど、細かいところがちょっと違うので、それは次のページの資料を見てね。

②コミュニケーションの目的と機能
　コミュニケーションには次のような種類があるんだ。この違いを理解しておくことは計画力アップのスタートだよ。
＜親和的・社交的コミュニケーション＞
相手に親しみを持ってもらい、心を開いて人間関係をつくるという目的
　・あいさつ・会話
＜伝達的コミュニケーション＞
相手に正確にわかりやすく情報を伝達するという目的
　・報告・説明
＜説得的コミュニケーション＞
相手をその気にさせ、動いてもらう協力を獲得するという目的
　・説得・忠告

③聞き手の決定権を考えて準備する
　準備をする時、自分中心に考える人がいる。しかし、自分中心に考えると、話の中に略語や専門用語が使われていたりして、聞き手が「？」と思ってしまう。
　実は、話し手が話した話の内容・言葉の意味は、聞き手が決定しているのだ。これを「聞き手の決定権」というんだ。このことを考えないで準備して話すと、上のようなことになってしまう。だから聞き手を考えながら準備をしよう。

④振り返りは人の意見を参考にしよう
　振り返りで一番大切になるのが、この人の意見を参考にするということだ。たくさんの人から意見をもらおう。自分では『いい』と思っていることも、他人からみると、『悪い』かもしれない。素直に耳を傾けようね。

５．計画力を伸ばす「合い言葉」

　この合い言葉は、これを読んでいる人だけへの、私からのビックプレゼント！

①準備が本番を成功へと導くカギ
　本番を成功させたいならば、準備をたくさんしよう。リサーチが大切。

②まずは二人一組から・・・
　振り返る時いきなりたくさんの人の意見を参考にするのは意外と難しい。二人一組の教え合いからチャレンジ！

③今は大変・・でも未来はすごい！
　慣れないと大変な準備や振り返り。でも、何回もやっているうちに、コツをたくさんつかめて計画名人に！？
　次のページは今までのまとめだよ。３つの合い言葉を胸にレッツ・ゴー！！

17　計画力

日本初！小学生が作ったコミュニケーション大事典

91

第2章 書くことで社会とつながる

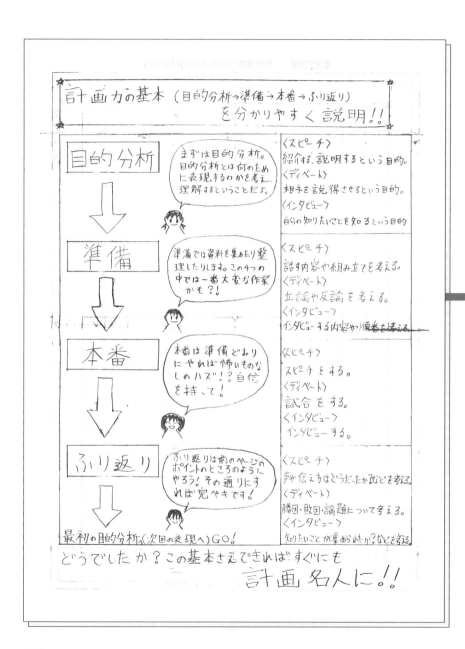

❶コミュニケーション大事典

計画力の基本を分かりやすく説明！

17 計画力

日本初！小学生が作ったコミュニケーション大事典

4つのステップが分かったかな？
どれも大切ですね。話し手と聞き手が
お互いに安心し合う関係をつくろうね！

目的分析 ↓	まずは目的分析。目的分析とは目的が何かを考え、はっきりさせることだよ。	〈スピーチ〉紹介する、説明するという目的。〈ディベート〉審判を説得するという目的。〈インタビュー〉知りたいことを得るという目的。
準 備 ↓	準備では資料を集め、まとめます。一番大変な作業かも？！	〈スピーチ〉話す内容や組み立てを考える。〈ディベート〉立論や反論を考える。〈インタビュー〉インタビューする内容や順番を考える。
本 番 ↓	本番は準備どおりにやれば怖いものなしのはず！自信を持って。	〈スピーチ〉スピーチをする。〈ディベート〉ディベートをする。〈インタビュー〉インタビューをする。
振り返り	振り返りは、前のページのようにやろう！その通りにすれば完ペキです。	〈スピーチ〉声や伝え方はどうだったか？を考える。〈ディベート〉勝因・敗因・論題について考える。〈インタビュー〉知りたいことが集められたか？などを考える。

最初の目的分析へ（次回の表現へ）ＧＯ！

この基本さえできればすぐにあなたも計画名人に！

92

② メールマガジン

　「書くことで社会とつながる」実践として次に紹介するのは、「メールマガジン（メルマガ）」の発行です。
　メルマガの発行は、2つの学級で実践しました。
　最初は、2002・2003年（平成14・15年）に北九州市立香月小学校で、5年生と6年生を担任した学級で取り組みました。
　続いて、翌2004・2005年（平成16・17年）に同小学校で、同様に5年生と6年生を担任した学級でも新たに取り組みました。
　当時はメルマガという発信方法が、まだメジャーな存在ではなかったと思います。現在メルマガ配信の最大手となっている会社の創業は、1999年1月とのことです。
　第1期のメルマガは、「Pubzine（パブジーン）」という無料サービスを使って配信をしました。このサービスが2004年2月9日で終了してしまいましたので、私たちの第1期メルマガもサービス終了日前日に終わったという次第です。
　第2期のメルマガは、現在もサービスを継続している「まぐまぐ」を使って配信しました。
　次ページと次々ページに掲載した「朝日新聞」の記事で紹介されているのは、第1期を発行していた時の様子です。
　メルマガを発行するねらいは3つあったように思います。
- ●紙に印刷して教室の中に留まる従来型の学級通信を超えて、外の世界とつながる実感がもてるものをめざした。
- ●ホームページの制作に比べて簡単で、小学生にもとっつきやすく、情報教育の実践として大きな可能性を秘めていると考えた。

❷メルマガ

●親や地域にも関心をもってもらい、新しいメディアであるメルマガを身近なものとして体験してほしいと考えた。

本書 P.157 の「(5) 学級日記をメルマガで」は、朝日新聞西部本社版で菊池学級が5回にわたって連載されたものの最終回の記事で、第2期を取り上げていただきました。

第2期の中では、「誰にでもきちんと伝わる『公の言葉』で書く」ということを指導の重点にしていました。友達同士だけで使っている「内輪の言葉」ではなく、教室から外に発信するメルマガにふさわしい言葉とはどんな言葉かを考え続けるようにしていました。

また、ネット社会との関わり方について問題が起こり始めた時期でもありましたが、それから子どもたちを遠ざけるのではなく、メルマガを発行することを通してその中で必要な言葉の使い方やマナーについても学びを進めていきました。

このように、教室の中で起こっていることを、ネットの向こうの見知らぬ人に伝えようとする体験は、まさに「『授業観』試案②」で示した「②外に提案する経験」であり、「③他を巻き込んで活動する経験」であったと思っています。

いま改めてメルマガを読み直してみたとき、「先生の授業」というタイトルの「私の授業を子どもたちが分析した」ものに目が留まりました。そこに書かれた子どもたちの「『菊池の授業』評」は、私自身がめざした授業観そのものであり、子どもたちの学びの力を改めて感じるとともに、子どもたちの前でどんなに取り繕おうとしても、小手先の実践は簡単に見破られてしまうのだという思いを強くしました。

メルマガ発行当時のホームページ

125

第2章 書くことで社会とつながる

「メルマガ」発行を伝える新聞

(2002年11月26日朝日新聞西部本社版夕刊1面)

学級通信 メルマガで報！

5年生、毎週発行
愛読者、海外にも

北九州・香月小

北九州市八幡西区の市立香月小5年1組の子どもたちが、学校生活をつづったメールマガジン(メルマガ)「メルマガ キッズ」を出している。週1回ほど発行。小学生が学級単位でつくるのは全国でも珍しく、9月の創刊から2カ月で300部以上になった。愛読者は、海外にも広がっている。
(社会部・佐々木 亮)

最新の22日号のトップに、給食が始まります。記事は「給食時間の三つの秘密」だ。給食時間の準備や後片づけをスムーズにこなす「秘密」を紹介する。

〈「いただきます」のあいさつが、最近変わりました。「いただきます」「ごちそうさまでした」が「1・2・3・4・ごちそうさまでした」です。おも

しろいし、始まるとみんなおしゃべりをしなくなるので効果的です〉

連載〈ディベート大会への道のり〉では、市や県の小学生大会への挑戦を同時進行でリポート。「先生の授業」「教室きわやかミニ話」といったコーナーもある。

総合学習の一環。担任

の菊池省三先生(43)が「紙に書く従来型の学級通信よりも、外の世界とつながる実感が持てるのでは」と、2学期の最初に子どもたちに提案した。パソコンをコミュニケーションの道具として使えるように育ってほしいとの願いもあった。三つの班に分かれ、交代で編集を手がける。話

126

❷メルマガ

し合いで構成や書く人を決める。「ニュースの材料を探す中で、クラスの友だちの様子や顔の表情、自分の感想を描写するのが難しい」と何度も書き直した。

集まった原稿を、学校のパソコンでまとめ、無料配信サービスのサイトを通じて配る。

メルマガづくりには苦労もある。不特定多数の人が読むため、仲間内だけの言葉は使えない。菊池先生は「常に読み手の視点を意識し、分かりやすく」とアドバイスする。メールの制約で、イラストや図に頼らずに言葉だけで説明しなければならない。和田悠輔君は「友だちのいいところをたくさん見つけた」と工藤大喜君。

その半面、染井春乃さんは「作文やスピーチがうまくなった」。子どもたちの自信にもつながっている。

■
■

一人で、10月に同小を訪ねた。

米国や台湾在住の人からも返信が届く。目の不自由な東京の男性からは「メルマガはホームページ制作に比べて簡単で、小学生にもとっつきやすいので、情報教育の実践として大きな可能性を秘めている。親や地域社会にも関心を持ってもらい、メルマガがいっそう身近なメディアとなれば」と話す。

IT関係者も注目している。ライトアップ社（東京）の編集チーフ、藤井由岐さんもファンの

購読やバックナンバーの申し込みは、インターネットのアドレスhttp://www.pubzine.com/detail.asp?id=19665へ。

◇

みに。「目標は発行1万部。子どもがつくる世界一のメルマガをめざした」と、クラス全員で意気込んでいる。

子どもたちは応援を励

記事中に掲載されているサイトは、現在は閉鎖されています。

次項中のものを含むこれらの記事は、当時朝日新聞福岡本部社会部の佐々木亮記者が50日以上にわたって菊池学級を訪ねていただく中で記事としてまとめられたものです。本当にありがとうございました。佐々木記者とは今日に至るまで、交流が続いています（余談ですが、佐々木記者は私が行きつけの焼鳥屋を『聖地とんとん』と名づけられた方です）。

教室からのプレゼント「メルマガキッズ」創刊号

■△▼□▲▽■△▼□▲▽■△▼□▲▽■△▼□▲▽■△▼□
♪♪♪小学校の「教室」をみなさんへ♪♪♪　２００２.９.１３　創刊号
♪★♪　教室からのプレゼント　「メルマガ　キッズ」♪♪♪♪　★♪
☆メルマガキッズ編集委員☆
■△▼□▲▽■△▼□▲▽■△▼□▲▽■△▼□▲▽■△▼□

　やっと、とうとう、創刊号です☆。
　たくさんの方から応援の声かけやメールをいただきました。
　本当にうれしかったです。
　「今日出せるの」とクラスの友達からも笑顔で毎日言われました。
　これからもがんばって発行します。
　よろしくお願いします。
　私達のメルマガ第１号です！！

（副編集長　ミサリン）

▼ＩＮＤＥＸ▼────────────────────────
１．教室に入る前の関所
２．ディベート大会への道のり～苦しみ編　その１～
３．先生の授業
４．お便り紹介
５．編集後記
────────────────────▲本号のＩＮＤＥ▲

☆☆──────────────────────────────☆☆
教室に入る前の関所
☆☆──────────────────────────────☆☆

こんにちは、ほし子です。
今回は、「教室に入る前の関所」を紹介して、みなさんに私たちのクラスのことを知ってもらおうと思います。
朝、教室の入り口に１００円ショップで買ったミニホワイトボードがたくさんかかっています。そこにはいろんな問題が書かれています。その問題を解

❷メルマガ
▼

かないと教室には入れないのです。簡単には教室には入れないのです。だから、「教室に入る前の関所」なのです。
漢字の書き順や小数の掛け算などの問題が多いです。最近は英語の問題が増えてきました。今日は、
「カタカナの『ヲ』は何画でしょう」
「『複雑』を3回空書きしましょう」
「大きな声で『おはよう』と言って入りましょう」
という内容でした。
分からない問題があるときは、近くにいる友達に聞きます。
この朝の関所で問題を解かないで教室に入ろうとすると、
「○○くん、やった？」
と、先生が少し笑って注意します。（本当は怒っているかもしれない）　もちろん、していない人は私たちも知っているので注意します。だから、全員解いて教室に入っていると思います。
毎日解いていると勉強にもなるので得です。問題を毎日出す担当の友達は大変だけど、役立っています。朝からみんながんばっているのです。（えらいなー）
明日はどんな問題が出るかとても楽しみです。

（ほし子）

☆☆━━━━━━━━━━━━━━━━━━━━━━━━━━━━━━☆☆
ディベート大会への道のり〜苦しみ編　その1〜
☆☆━━━━━━━━━━━━━━━━━━━━━━━━━━━━━━☆☆

ディベート大会への道　＜苦しみ編〜その1〜＞
　夏休み最後の日曜日に北九州地区ディベート大会がありました。幸運にも優勝できました。（パチパチ）　学級としては2年連続優勝なのですが、私たちそら子とほし子は初参加でした。緊張しまくりでした。でも、がんばって優勝できた喜びは「最高」でした。ディベートの面白さが分かった気がしました。
　しかし、しかしです。その優勝への道のりは、とてもとても大変だったのです。今回は、その「苦しみ編」の1回目です。あー、思い出すだけでも涙

129

が・・・。
まずは、そら子が書きます。
夏休みの何度かの練習。それを一言で言うと、「私の楽しいはずの夏休みをかえせー！」ということです。（別に怒っているわけではないのですが・・・少し興奮？）
それは、突然でした。7月の暑いときでした。先生が、
「今年のディベート大会に出たい人？」
と、クラスのみんなに聞きました。
「今年は出てみようかな。仲良しのほし子さんも手を挙げてるし」
軽い気持ちで、手を挙げました。
が、それが大きな間違いでした！。とっても、大変だったのです。何が大変かというと、時間通りに練習が終わらないのです。やり始めたら終わらないのです。
だから、予定を立てていたお出かけやお買い物ができなくなってしまうことが多かったのです。うぅぅ・・・悲しかった。
「明日は、練習ありません」
という先生の言葉にほっとしました。だって、その日は、朝の9時から夕方の4時まで準備や練習をしていたからです。私とほし子ちゃんは、第1反駁担当だったので、カード作りなど大変だったのです。
（ふぅ、明日はおばあちゃんたちと楽しくお買い物に行こう。）
そう思って、楽しく家に帰りました。
ところが！！、次の日の朝。1本の電話が、「お買い物」という女の子としての楽しみを台無しにしたのです。先生からです。家の近くのコンビニに9時に集合という内容だったのです。なぜコンビニなのかはいろいろ理由はあるのですが、資料がコピーしやすいということが一番だとか・・・。
そして、そのコンビニで、またまた特訓が始まったのです。コピー機のまわりで・・・。まわりにはお客さんがいるのに・・・。
話し始めると止まらない先生です。30分間の約束が、1時間が過ぎ、・・・。終わりそうにありませんでした。
「もっと広い場所へ行こう」

な、なんと、まだやろうというのです。(あー、お買い物が・・・)
今度はコンビニ裏の駐車場へ・・・。雨も降ってきました・・・。

(そら子)

<つづく>

☆☆──────────────────────────────☆☆
先生の授業
☆☆──────────────────────────────☆☆

先生の授業について僕たちが書いていきます。「さあ、書くぞ」と思ったのですが、なかなか書けません。締め切りが近づいてあせりました。
なぜかというと授業をそのまま書いていたら、長くなりすぎて大変だと分かったからです。
そこで、何人かが集まって「どうやって書こうか」と考えました。いろいろ話し合っていると、「先生の授業は一言で言うとどんな授業か」という話題になりました。
・スピードが速い
・全員に対して何でも確実にさせる
・数字が多い(何個書きなさい。何分でしなさい。など)
・歩きながらしゃべる
・ノートをよくチェックする
・「なぜ?」とすぐに聞く
・ぼくたちに黒板に意見をたくさん書かせる
・写真や物をよくもってくる
・はっきりと話をさせる
・○か×か、の質問が多い
・・・・・・
たくさんでました。
次から、このような先生のとくちょうがよくわかる授業を報告していきます。
うまくかけるかどうかわからないけどがんばっていきます。
少し期待して待っていてください。

(くっちゃん)

第２章　書くことで社会とつながる
▼

お便り紹介

編集長のトミーです。
お便りをもらってうれしかったので、このコーナーを作りました。（編集長だから少し勝手に・・・）
たくさんいただいた中から、同じ小学生の６年生の女の子からのメールを紹介します。
＊＊＊＊＊＊＊＊＊＊＊＊＊＊＊＊＊＊＊＊＊＊＊＊＊＊＊
こんにちは☆
初めまして。
今回の創刊準備号、楽しく読ませていただきました。
私は小学６年です。
でも五年生のあなた達がこんなにすばらしいメルマガを書いてるなんて…おどろきました。
すごくまとまってるクラスなんですね！
これからも応援していますんで、頑張ってくださいね！
　　　　　　　　　　　　　　　　　　　　　　　　Ａｏｉ
＊＊＊＊＊＊＊＊＊＊＊＊＊＊＊＊＊＊＊＊＊＊＊＊＊＊＊
Ａｏｉさん、ありがとうございました。先生に印刷してもらってみんなで読みました。記念にとっています。またお便りくださいね。
　　　　　　　　　　　　　　　　　　　　　　（トミー）

次号予告

次号予告は次のような内容です。
私達の学級を少しずつ少しずつ紹介していきます。
クラスみんなで分担し合って書いていきます。お楽しみに・・・・・・。
　１．今週の授業「ベスト１」
　２．朝の黒板「メッセージ」

３．ディベート大会への道のり〜苦しみ編　その２〜
４．お便り紹介
☆★☆★☆★☆★☆★☆★☆★☆★☆★☆★☆★☆★☆★
〆〆〆〆編集後記〆〆〆〆

　今日は、最後の水泳学習でした。みんなでいろいろなゲームや競技をして楽しく２時間過ごしました。応援し合って協力し合って楽しみました。
　このメルマガを作っていくのもみんなの楽しみです。少しでもたくさんの方と知り合えたらいいな、と思っています。
　まだまだパソコンの操作や原稿書きの分担とかがうまくいかず大変ですが、応援し合って協力し合ってがんばっていきます。
　よろしくお願いします。

（X吉田、マッチ）

▼△▼△▼△▼△▼△▼△▼△▼・▼△▼・▼△▼△▼△▼△▼

★　ご感想、お問い合わせは　　kikuchis@05.alphatec.or.jp　　まで。
★　編集・発行責任　菊池　省三
　　　　　ホームページ　　http://www.05.alphatec.or.jp/~kikuchis
☆　メールでいただいたご感想などは、本メールマガジンでご紹介させていただくことがあります。
☆　本メールマガジンの無断転載はお断りします。転載については、メールでご相談ください。

▽▲▽▲▽▲▽▲▽▲▽▲▽▲▽▲▽▲▽▲▽▲▽▲▽▲

第2章　書くことで社会とつながる
▼

教室からのプレゼント『メルマガ　キッズ』第2号

■△▼□▲▽■△▼□▲▽■△▼□▲▽■△▼□▲▽■△▼□▲▽
♪♪♪小学校の「教室」をみなさんへ♪♪♪　　２００２．９．２０　第２号
♪★♪教室からのプレゼント　「メルマガ　キッズ」♪♪♪♪　★♪
　　　　　　　　　　　　　　　　　　　　　☆メルマガキッズ編集委員☆
■△▼□▲▽■△▼□▲▽■△▼□▲▽■△▼□▲▽■△▼□▲▽

　　みなさん、こんにちは。
　　私達のメルマガの第２号です。
　　今回から新しいコーナーが始まりました！
　　「教室さわやかミニ話」です。
　　その時の様子を想像してくださいね。
　　クラスみんなで分担し合ってがんばっています。
　　たくさんのお便りを待っています。

　　　　　　　　　　　　　　　　　　　　（副編集長　ミサリン）

▼ＩＮＤＥＸ▼
１．朝の黒板「メッセージ」
２．ディベート大会への道のり〜苦しみ編　その２〜
３．先生の授業
４．教室さわやかミニ話
４．お便り紹介
５．編集後記
　　　　　　　　　　　　　　　　　　　　▲本号のＩＮＤＥＸ▲

☆☆――――――――――――――――――――――――――☆☆
　　　　　　　　　朝の黒板「メッセージ」
☆☆――――――――――――――――――――――――――☆☆

クラスの黒板は、朝はとってもにぎやかです。その秘密を教えます。
それは、楽しい絵とメッセージがたくさん書かれているからです。
例えば、
「今日の水泳は、力いっぱいがんばりましょう！」

❷メルマガ
▼

「ごみを３個以上拾って、きれいにしましょう！」
「朝の１０分間読書の用意をして元気よく外に出て遊ぼう！」
といった内容です。
かわいい！？絵と一緒に黒板に大きく書かれているのです。
毎日それを見るのが楽しみになっています。クラスに「メッセージ係」という友達がいるのです。前の日の帰りに書いているのです。
そして、もう一つあります。それは、あいさつについてです。黒板に、
「男の子３人、女の子３人に『名前＋おはよう』と言いましょう！」
というメッセージがほとんど毎日あるのです。
そのメッセージどおりにした人から、そのメッセージの横に書かれている丸の中に、自分の似顔絵をはっていくのです。（似顔絵の裏に磁石をつけている）だから、教室の朝は、あいさつでもにぎやかです。

（そら子）

☆☆━━━━━━━━━━━━━━━━━━━━━━━━━━━━━━☆☆
ディベート大会への道のり～苦しみ編　その２～
☆☆━━━━━━━━━━━━━━━━━━━━━━━━━━━━━━☆☆

苦しみ編の２回目です。ほし子が書きます。前回のコンビニでの特訓からです。
「少し説明するだけ」
という先生の言葉で始まったのに、結局２時間もかかったのです。小雨の降るコンビニ裏の駐車場で・・・。ずうーっと立ちっぱなしでした。
先生は、時々コンビニでコピーをします。
（先生の家にはファックスとかないのかなー）
（先生は休日もこんなことしていてお家のこととか大丈夫なのかなー）
「ディベートに強くなりたい」という気持ちで私たちも我慢でした。試合の日も近づいていたのです。
やっと終わって、その日は家族と買い物に行きました。楽しい夏休みですから・・。
でも、資料がいっぱいあるし、「読んでおくこと」と先生が言ったので、買い物に行く車の中でも資料を読みました。読んでいると気分が悪くなりまし

135

た。
（今、考えてみてもよくがんばったなーと思います！す・ば・ら・し・い！）
それにしても、先生もよくやるなーという気がしました。私たちのために、優しいですよね。
「休みの日に子どもを遊びに連れて行かないと、家に入れてもらえないかもしれない。」
と言っていたのに、その休日を私たちといるのです。
（先生、家に入れてもらえたのかなー）
私も今年の夏休みは、学校とコンビニに行くのが忙しかったです。先生の奥さんや子どもの気持ちも少しは分かりました。
こんな苦しい！？ディベートの準備、練習が夏休みの間続いたのです。もう完璧というほど相手の意見を予想して反駁カードを用意したのです。
８月25日。ディベート大会です。「苦あれば楽あり」です。大きな大きな喜びがあったのです。
次号からは、その喜びを３回シリーズで書いていきます。がんばったのですよ。
楽しみにしていてください。

☆☆ ─────────────────────── ☆☆
先生の授業
☆☆ ─────────────────────── ☆☆

先生の授業は、スピードがあります。だから、のんびりできません。
教室に入ってくるなり、
「全員起立。〇ページを３回読んだ人から座りなさい。」
とよく言います。席に座っていない人も、急いで教科書を読み始めます。
先生は、教室を歩きながら姿勢や教科書の持ち方を注意していきます。時々、声がよく出ているか、チェックしています。
黒板に何か書くときは、急にふり向いて、
「もう鉛筆を持って、先生と一緒に書いているでしょうね。」
と言います。ノートを開けていなかったり、鉛筆持っていない人は、大あわ

❷メルマガ
▼

てです。
書けたら「書けました」と言うようなルールになっています。
僕たち　「書けました。」
先生　　「1番。はやい。」
僕たち　「書けました。」
先生　　「2番。よくなった。」
・・・・・・・・
といった感じです。どんどんみんなが書いていくので、おそい人も速く書こうとします。
ノートに自分の考えとかを書かせるときは、
「3分で書きましょう。」
と、いつも時間を決めます。だから、みんながんばります。
そして、
「やめ。まだ時間のほしい人？。」
と聞きます。何人かの人が手を挙げます。
「〇〇君、後何分時間がいる？。」
と先生が聞きます。〇〇君が、
「3分。」
と言うと、先生はいつも、
「ダメ、1分。」
とか短くして言います。それを聞くと、みんなは必死になって書き始めます。こんな感じで先生の授業はスピードがあります。集中できるから僕たちはいいと思っています。

（くっちゃん）

☆☆━━━━━━━━━━━━━━━━━━━━━━━━━━━━☆☆
教室さわやかミニ話
☆☆━━━━━━━━━━━━━━━━━━━━━━━━━━━━☆☆

　新コーナーができました。教室の中のちょっとしたお話です。さわやかなお話です。副編集長のミサリンが担当します。先生から「癒し系でいってね」といわれました。意味が分からず、少し？です。

137

第 2 章　書くことで社会とつながる

その1
　朝の 10 分間読書の時。静かな教室に、遅刻してきた○○君が入ってきました。ニコニコ笑顔で、
「おはようございます。」
と、元気よくあいさつをして入ってきました。みんな、読書をやめて、
「おはよう。」
と、あいさつをかえしました。
　なぜか、いいなーと思いました。

（雪）

その2
　掃除時間が終わって、5 時間目が始まる前。みんな席について準備していました。ゴミ箱の近くの○さんが、1 点をじっと見つめて、すぐに落ちていたゴミ箱のふたをすぅーと取って、すぅーと元にもどしました。
　そんなささいなことに気づくのはよいことだなーと思いました。

（プンプン）

その3
　水泳の級（泳げた長さとかで 1 級とか 2 級とか決められている）を教室で先生が聞きました。
「女子の 6 級手を挙げて。」
その時、男子の○○君が、元気よく手を挙げていた。
　しばらく気づかない○○君に、みんな涙を流しながら笑っていました。
　○○君、おもしろいギャグをありがとう！

（くっちゃん）

☆☆━━━━━━━━━━━━━━━━━━━━━━━━━━━━☆☆
お便り紹介
☆☆━━━━━━━━━━━━━━━━━━━━━━━━━━━━☆☆
　編集長のトミーです。今週もたくさんのお便りをもらいました。ありがとうございました。今週は、滋賀県の 4 年生のゆきさんのメールを紹介します。
＊＊＊＊＊＊＊＊＊＊＊＊＊＊＊＊＊＊＊＊＊＊＊＊＊＊＊＊＊＊
こんにちは。滋賀のゆきです。

❷メルマガ
▼

メルマガキッズ読みました。楽しかったです。
とくに、教室に入る前の関所！
教室に入るのが、そんなに大変なんてっ！！
私の教室に入る前の関所は、なんにもありません。
「ディベート大会への道のり、苦しみ編その１」の続きが早く読みたいです。
私はやったことがないので、興味があります。
体育大会で、今年初めて鼓笛があります。ピアニカを練習しています。
あと、４色対抗リレーでは白チームです。（他は赤・青・黄です）
今年から始まる、デカパン競争では、家の人とデカパンの足の穴に一つずつ入って走ります。今から楽しみです。
では、これからもメルマガ楽しみにしているので頑張ってくださいね。
また、メールしま～す。（ゆきより）
＊＊＊＊＊＊＊＊＊＊＊＊＊＊＊＊＊＊＊＊＊＊＊＊＊＊＊＊＊＊
　私達のクラスでも、ゆきさんのメールを読んで、デカパン競争を集会でしよう、という意見が出ています。おもしろそうですよね。
　体育大会がんばってね！私達は５月でした。
　たくさんの方からのお便りを待っていま～す。

☆☆━━━━━━━━━━━━━━━━━━━━━━━━━━━━☆☆
次号予告
☆☆━━━━━━━━━━━━━━━━━━━━━━━━━━━━☆☆

　次号予告は次のような内容です。新コーナーがまたまた生まれるかも・・。
　私達の学級を少しずつ少しずつ紹介していきます。
　クラスみんなで分担し合って書いていきます。お楽しみに・・・・・・。
１．今週の授業「ベスト１～」
２．教室後ろの黒板「季節が変わると・・・」
３．ディベート大会への道のり～喜び編　その１～
４．教室さわやかミニ話
５．お便り紹介
６．次号予告
　　編集後記

139

第２章　書くことで社会とつながる

☆★☆★☆★☆★☆★☆★☆★☆★☆★☆★☆★☆★☆★
〆〆〆〆編集後記〆〆〆〆

みなさん、第２号はどうでしたか。

メルマガを出すようになって、いろんな人と知り合うことができています。やる気が出てきます。とてもうれしいです。

近くの小学校との球技大会が１０月にあります。男子はサッカー、女子はバスケットボールです。練習も始まります。みんなで応援し合ってがんばります。

第３号も楽しい内容にしていきます。楽しみにしていてください。

（Ｘ吉田、スマイリー）

▼△▼△▼△▼△▼△▼△▼△▼△▼・▼△▼・▼△▼△▼△▼△▼

- ★　ご感想、お問い合わせは　　　kikuchis@05.alphatec.or.jp　　まで。
- ★　編集・発行責任　菊池　省三
  　　　　　　ホームページ　　http://www.05.alphatec.or.jp/~kikuchis
- ☆　メールでいただいたご感想などは、本メールマガジンでご紹介させていただくことがあります。
- ☆　本メールマガジンの無断転載はお断りします。転載については、メールでご相談ください。

▽▲▽▲▽▲▽▲▽▲▽▲▽▲▽▲▽▲▽▲▽▲▽▲▽▲▽▲

○　**教室からのプレゼント『メルマガ　キッズ』第１０号**　○

■△▼□▲▽■△▼□▲▽■△▼□▲▽■△▼□▲▽■△▼□▲▽■△▼□
♪♪♪小学校の「教室」をみなさんへ♪♪♪　２００２．１１．２２　第１０号
♪★♪教室からのプレゼント　「メルマガ　キッズ」♪♪♪♪　★♪
　　　　　　　　　　　　　　　　　　　　　☆メルマガキッズ編集委員☆
■△▼□▲▽■△▼□▲▽■△▼□▲▽■△▼□▲▽■△▼□▲▽■△▼□

みなさん、こんにちは。（＾０＾）　お元気ですか？

少し発行が遅れてしまいました。ごめんなさい。

パソコン室がなかなか使えなかったのです。

❷メルマガ
▼

今日やっと記念すべき第１０号を発行できるようになりました。
少し寒くなってきたけれど、わたしたちは元気です。
「メルマガ　キッズ」第１０号をお楽しみください。

（そら子）

▼ＩＮＤＥＸ▼─────────────────────
１．給食時間の３つの秘密
２．特別企画「西日本地区語りべ大会への道」その１
３．先生の授業
４．教室さわやかミニ話
５．お便り紹介
６．編集後記
└──────────────────▲本号のＩＮＤＥＸ▲

☆☆───────────────────────────☆☆
給食時間の３つの秘密
☆☆───────────────────────────☆☆

今回は、給食時間のことを書きます。準備中とあいさつなどの３つです。
私達の学級は、これでけっこううまくいっています。(＾０＾)
「はい、給食の準備。」
先生の声と同時に、私達の給食が始まります。１番の楽しみです。
＜その１＞
給食が配ぜんされるまでの時間は、３つの仕事が私達にあります。
１つ目は、給食当番です。（当たり前すぎ！）ろうかに出たら、
「並びながら、出発。」
という声で、給食室に行きます。当番全員が並ぶまでは待ちません。おそくなるからです。着がえるのがおそい人も、１０メートルぐらい歩くと追いついてきます。むだな時間が少しでもなくなるのでいいアイディアです。
＜その２＞
当番以外は、一人一役の仕事をします。「教室前の関所」の問題は、だいたいこのころに書かれます。他に、
・おぼんを配る。

・ふきんを洗ってくばる。
・給食台を準備する。
といったことも、一人ひとりがしています。準備が早く終わると、先生に言ってパソコン室に行くこともあります。なぜだか分かりますか？ それは、このメルマガの講読者数を見るためです。人数を確認して教室後ろのミニホワイトボードに書きこむのです。

＜その３＞
「いただきます」「ごちそうさまでした」のあいさつが、最近変わりました。先生が変えたのです。なぜかというと、先生たちが読むメールマガジンに、そのあいさつの仕方が出ていて「おもしろい」とおもったからだそうです。そのあいさつとは、「いただきます」が、
「５・４・３・２・いただきます」
です。わかりますか？　声に出して言ってみてください。そして、「ごちそうさま」が、
「１・２・３・４・ごちそうさまでした」
なのです。
おもしろいし、始まるとみんなおしゃべりをしなくなるので効果的です。

（イモキン）

☆☆───────────────────────────☆☆
　　　　　　特別企画「西日本地区語りべ大会への道」その１
☆☆───────────────────────────☆☆

今回は、特別にディベート大会ではなくて、「西日本地区おとなとこどもの語りべ大会」のことを書きます。この大会は、応ぼの案内の紙を読むと、阿南哲朗という児童文学の先生の功績を残すということがひとつの目的のようです。
みんなの前で、子どもは５分間、大人は１０分間の子ども向けのお話をするという大会です。もちろん本や紙を見てはいけません。テレビの「日本昔話」のナレーションのような感じだと先生は言っていました・・。おもしろそうです。
「よし、この大会にも出よう！」

❷メルマガ
▼

またまた挑戦することにしました。そして、またまた友達のそら子さんも一緒です。
さっそく本を選ぶことにしました。低学年図書室に行きました。３年生までよく来たところだからなつかしかったです。いろいろ迷ったのですが、「さんねんとうげ」に決めました。国語の教科書にもあったからです。
練習が始まりました。
「もっと間を取って！」
「ここは小さく、だんだん大きい声で！」
ディベートの練習とはまるっきり違います。役者さんのようにしないといけない！？のです。先生も、最後には、
「語りは、芸だ！」
と言って、なぜか楽しんでいました。
本番二日前には、１年生の教室で実際にしてみました。リハーサルのようなものです。
「あるところに、さんねんとうげといわれる・・・・・・」
語り始めると、かわいい１年生がし〜んと聞いてくれました。中には、お話の中に入ってくれたのか、表情を変えながら聞いてくれる人もいました。
今度の日曜日が本番です。
その日だけは、「女優さん」になろうと思っています。(＾０＾)

(ほし子)

☆☆━━━━━━━━━━━━━━━━━━━━━━━━━━━━━━☆☆
先生の授業
☆☆━━━━━━━━━━━━━━━━━━━━━━━━━━━━━━☆☆

少し前の算数の時間のことです。「少数のかけ算」の勉強の時にもう一人の先生が来られて菊池先生といっしょに教えてくれていました。その先生が前で、菊池先生が後ろにいました。
時々、菊池先生の声が後ろからしてきます。例えば、○○さんと△△くんの黒板に書いた式や答えが違っていたら、
「では、いきます。○○さんの書いてくれた式が正しいと思う人は、パー（ジャンケンのパーのことです）。△△くんが正しいと思う人は、グー。いい

143

ですか。最初はグー、ジャンケンポン！」
と、すかさず言うのです。みんなは（ぼくもだけど）、ぼんやりできません。どっちかに手を挙げないといけないからです。集中していないといけません。その後は、よくこのように聞きます。
「パーが○人、グーが○人。さあ、次に先生は何と聞くでしょうか？」
いつものパターンです。正解は、『わけ』です。どっちかに手を挙げているわけですから必ずわけを考えて言わなければならないのです。
【おまけ】時々、「パーかグーかです。チョキを出す人はいないでしょう。」
　　　　と笑わせます。

(ワンちゃん)

☆☆━━━━━━━━━━━━━━━━━━━━━━━━━━━━━☆☆
教室さわやかミニ話
☆☆━━━━━━━━━━━━━━━━━━━━━━━━━━━━━☆☆
　大好評の「教室さわやかミニ話」のコーナーです。(と勝手に思っています。)
(その１)
５時間目に除草作業がありました。運動場の遊具のあたりの草ぬきが５年生の担当でした。○○さんの草ぬきは、普通とは違っていました。抜いた後がまるでさばくのように何もないのです！
草を抜いた後の土をこすると中の草が出てきます。○○さんは、その草も取っていました。手を見ると、手のひらに土がいっぱい付いていました。
○○さんの後には、土の上に運動ぐつの足あとが残っていました。

(ミサリン)

(その２)
朝の読み聞かせの時間のことです。ボランティアの方が教室に来ました。○○君が、
「いすはいりますか？」
と聞きました。
「いいや、いいよ。いすなしでも。」
と、その方はうれしそうに答えました。

❷メルマガ
▼

しばらくして、△△君がバッと立ち上がり、(いすをどうぞ。おすわりください。)
とばかりにいすをさしだした。
△△君が大人に見えました。

(若の花2世、もりまさ)

(その3)
除草作業の後、教室にみんな帰ってきました。その日は、教室のそうじはしなくてもよいことになっていました。みんな次のクラブ活動の時間を楽しみにしているようでした。
その時、○○君だけが、ほうきをもってそうじをし始めました。ごみを集め始めたのです。私は、なぜかとても、
「いいなー。」
と思いました。○○君をみて、
「そうじってすると?」
「さあ、どうやろか?」
みんな、迷い始めました。それでも○○君は、ほうきでごみを集めていました。

(あゆ)

☆☆─────────────────────☆☆
便り紹介
☆☆─────────────────────☆☆

菊池省三先生から、
「とっても、うれしいお便りをいただいたよ」
と、紹介してもらったのが、下にあるお便りです。またまたビックリです!!
＊＊＊＊＊＊＊＊＊＊＊＊＊＊＊＊＊＊＊＊＊＊＊＊＊＊＊＊＊
11月12日(火ようび)
おはよう、こどもたち。
(キッズとボクの記念日)
きょうは、なんだか落ちつきません。正直にいうと、すこしドキドキしてい

145

ます。それは、「♪教室からのプレゼント メルマガキッズ♪」というメルマガを発行しているこどもたちが学校で、はじめて「おせっかい塾」のホームページを見てくれるというからです。ボクが
>> メルマガキッズのみなさん。
>> 500人突破、おめでとう！
とメールを出したら、担任の菊池省三先生（あ、おなじ名前！）から
> ホームページの方は、火曜日に子ども達にも見せようと考えています。
と返事がきて、それで、ソワソワしているというわけです。
北九州の小学校5年1組、菊池学級のこどもたちは、とてもいきいきとしています。きらきらと光っています。ひとりの先生のとりくみで、こどもたちはこんなになれるんだ、ステキに光るんだ、というたしかな見本がここにあります。こどもによるメルマガの発行が、インターネットを活用した「あたらしい学びのかたち」であることも、証明しています。

おはよう、メルマガキッズのみなさん。
大きくなって、「そういえばこんな先生がいたなあ」となつかしく思いだす先生がいるものです。ボクにも2人います。小学校高学年のときの高木？先生と、中学1年のときの、水野先生です。
もう40年くらい前のことですが、話し方や表情まではっきりおぼえています。菊池先生は、きみたちにとってまちがいなく、そんな、一生忘れられない先生になるでしょう。心をひとつにしてがんばった楽しさを思いだし、そういうクラスをつくってくれた先生に感謝する日がくるでしょう。
でも、これは「あとになって気づく」ことです。いまは、菊池先生にいっしょうけんめいついていけばいいと思います。菊池先生の授業のポイントは、（何分でやろうという）時間と（なんこ書きなさいという）個数、つまり数字がキーワードですね。目標があれば、人は早く走ることができます。だから先生の授業にはスピード感が生まれ、スピード感があるからスポーツをやりとげたような爽快感と充実感がのこるにちがいないと想像しています。
「メルマガキッズ」は、ボクが世界でいちばんチャーミングだと思っている「あのねせんせい」にもまけない、すてきなメルマガです。なんだか、自分

❷メルマガ
▼

だけの宝物にしておきたい気もするけれど、それももったいないから、ボクときみたちとの出会いの記念日に、みなさんにしょうかいすることにしました。ではこれからも、たくさん悩んで、たくさん考えて、そうしてたくさんの自分（＝の可能性）をみつけてください。
きみたちの成長を楽しみにしています。
　　　　　　　　　　　　　おせっかい塾　菊池徹（きくちとおる）

＊＊＊＊＊＊＊＊＊＊＊＊＊＊＊＊＊＊＊＊＊＊＊＊＊＊＊
みんなでメールを読みました。教室の中が静かになりました。
未来から自分達の今を考えてみるというか、そんなことを思ってもみなかったので、読んでいてドキドキしてきました。たぶん、みんなもおんなじだと思います。
徹先生、本当にありがとうございました。みんなで今しないといけないことをがんばって行きます。
☆☆─────────────────────────────☆☆
次号予告
☆☆─────────────────────────────☆☆
　次号予告は次のような内容です。その前に、臨時号が出そうです！それも、いくつか・・・。
　私達の学級をもっともっと知ってください。そして、お友達になってください。
　これからも、クラスみんなで分担し合って書いていきます。お楽しみに・・。
1．朝の１０分間読書
2．ディベート大会への道のり～九州大会編　その２～
　　「西日本地区語りべ大会・２回目（最終回）
3．先生の授業
4．教室さわやかミニ話
5．お便り紹介
6．次号予告

第２章　書くことで社会とつながる
▼

編集後記

☆★☆★☆★☆★☆★☆★☆★☆★☆★☆★☆★☆★☆★☆★
〆〆〆〆編集後記〆〆〆〆
みなさん、第１０号はどうでしたか。
少し長くなったので読みにくかったかもしれません・・。
来週は、体育館で僕達は授業をします。国語です。
元気よく大きな声で発表します。
では、また来週楽しみにしていてください。
お便りをたくさん待っていま～す。

（若乃花二世）
▼△▼△▼△▼△▼△▼△▼△▼△▼・▼△▼・▼△▼△▼△▼△
　★　ご感想、お問い合わせは　　　kikuchis@05.alphatec.or.jp　まで。
　★　編集・発行責任　菊池　省三
　　　　　　ホームページ　　http://www.05.alphatec.or.jp/~kikuchis
☆　メールでいただいたご感想などは、本メールマガジンでご紹介させて
　　いただくことがあります。
☆　本メールマガジンの無断転載はお断りします。転載については、メー
　　ルでご相談ください。
▽▲▽▲▽▲▽▲▽▲▽▲▽▲▽▲▽▲▽▲▽▲▽▲▽▲▽▲▽▲

▲発行したメルマガは、プリントアウトして教室に掲示しました。

❷ メルマガ
▼

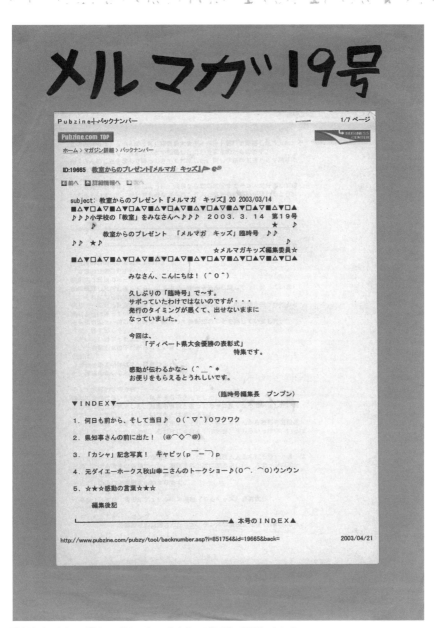

発行したメルマガは、プリントアウトして教室に掲示しました。

新聞 投稿、記事掲載

　第2章の最後に、「新聞」への投稿と記事掲載について紹介します。「書くことで社会とつながる」ことの身近な方法として、新聞の投書欄に投稿するという方法があります。

　今でも新聞の投書欄に、子どもの目から見た社会や学校に対する感想や疑問、意見をまとめた投稿が載っているのを読むと、当時の自分の実践を思い出すとともに、こうした実践をされている教室があること(場合によっては、子どもが自主的にしているのかもしれませんが)をとても嬉しく思います。

　当時、朝日新聞に「小さな目」という子どもの詩の投稿欄がありました。そこに投稿して掲載されると、そのたびに子どもたちと喜び合っていました。学級通信などに自分の作品が掲載されるだけでも子どもにとってはとても嬉しいものですが、一般紙に活字で掲載されたときの喜びは格段に大きいものです。

　一般の投書欄にも投稿しました。授業の中で学んだ対話や言葉の大切さについて、子どもたちが自発的に文章にまとめ、投稿しました。

　その中のいくつかを紹介します。

「スピーチ学習」や「言葉の大切さ」、「討論の学習」など、学んだことをさらに深め、今後に生かしていきたいという子どもたちの素直な言葉が綴られています。

　3つめの「討論の学習で教室にやる気」という投稿については、「討論」ではなく「ディベート」と書いて送りましたが、言葉がまだ一般的ではなかったからか、「討論」と書き換えられたことを覚えています。

❸新聞 投稿、記事掲載

子どもたちによる新聞投書欄への投稿

友情を育てたスピーチ学習

北九州市 大久保晴世（小学生 10歳）

私は、三年生からスピーチの学習をしています。「話し言葉ノート」を作り、言葉についても勉強しています。今では、三分間ぐらいは自信を持って話せるようになりました。

学習をとおして、いくつかよいことがおこりました。それは、クラスみんなが仲よしになったことです。友達のスピーチにあたたかく耳をかたむけるようになったからだと思います。

また、一人ひとりが積極的になってきました。自分を表現することが楽しくなって、話すことだけではなく、どんなことでもすすんで行動できるようになってきたのです。

ことばひとつ、話し方ひとつで人と人とのかかわりもいろいろかわっていくことに気づきました。これからも、ことばを大切にしていこうと思っています。スピーチの学習で、自分が成長し友達とのきずなも強くなったように思います。

朝日新聞 1992年(平成4年)5月30日付に掲載された内容。（実物の新聞ではありません）

美しい言葉が心と心つなぐ

北九州市 俵本知絵（小学生 10歳）

「何してんのバカ」「おまエどうしたんか」。私たち子どもの言葉が、問題になっています。たしかに、このような人を傷つける言葉を、よく耳にするようになりました。

日本語は、美しい言葉だと言われているのに、どうしてこんなことになっているのでしょうか。NHKで「美しい言葉」のアンケートを調べたら、一番は「ありがとう」でした。続いて「さようなら」、「はい」、「おはようございます」でした。どれも、人と人の心をつなぐものです。つまり、相手を大切にするあたたかい言葉です。私は、これらの美しい言葉、美しい心を育てるものだと思います。

私たちは、聞くこと、話すことの学習をしています。そこで気づいたことは、言葉は人間関係に大切なものだということです。

美しい言葉をつかえる人になって、美しい心の持ち主になりたい、と強く思っています。

朝日新聞 1992年(平成4年)6月6日付に掲載された内容。（実物の新聞ではありません）

151

討論の学習で教室にやる気

北九州市 藤 紗帆（小学生 10歳）

私たちは四月からスピーチや対話の学習をしてきました。そして討論学習へと発てんしました。「学校五日制、反対・賛成」というテーマで討論しました。いつもの授業とはちがって、みんなが活発になり、教室がやる気でいっぱいになりました。

たくさんのことを学びましたが、その一つは、批判的な聞き方が出来るようになったということです。相手チームの話すことを、ただうなずいて聞くのではなく、不十分なところや、おかしなところを聞き分けられるようになったのです。質問や反対意見がどんどん出てくるようになりました。

もう一つは、すぐ考えをまとめて話す力がついてきたということです。討論では、時間が決められているので、もじもじしていてはいけません。すぐに考えを組み立てて、声に出さなければならないのです。

言葉のキャッチボールで相手と仲良くできる討論の学習は、聞く力や話す力がぐんぐん伸びていくので、いろんな教科でもっとやってみたいと思います。

朝日新聞 1997年(平成9年)10月5日付に掲載された内容。(実物の新聞ではありません)

　本書の趣旨とは若干外れますが、「社会とつながる」という観点から、子どもたちを取材していただいて記事になったものを紹介いたします。

　私の教室には絶えず、テレビ・新聞・出版・映画などのマスコミの方々が訪ねて来てくださいました。そうした外部のプロフェッショナルの目で、子どもたちの成長の姿を客観的に見てほしかったのです。

　教室に非日常をプロデュースすることは、教師の役割としてとても重要なことの一つであると私は考えています。

　たくさんの記事を掲載していただきましたが、その中から、前項の「メルマガ」を発行していた際に菊池学級を深く取材された朝日新聞佐々木亮記者によって、2004年（平成16年）10月に5回にわたって連載していただいた記事を紹介します。

　この記事は、「コミュニケーション大事典」に転載させていただきましたが、ここでもそれを引用して掲載いたします。

❸新聞 投稿、記事掲載

コミュニケーション大事典

2004年（平成16年）10月　朝日新聞連載記事（No.1〜5）

第1章　私達の学級紹介

日本初！　小学生が作ったコミュニケーション大事典

（1）「元気なあいさつ連盟」

　5年1組の佐野拓磨君がパソコンでつくった名刺を差し出した。「全国あいさつ運動推進連盟会長」とある。

　9月27日にあった公開授業。見学の大人に「こんにちは」と話しかけ、「ぜひ会員になってください。気持ちのいいあいさつを広げていきましょう」。

　担任の菊池省三先生（45）は、子どもたちがおとなしすぎるのが気になっていた。登下校時のあいさつは口の中でモゴモゴ。授業中に当てても、「ハイ」という返事が小さい。

　「あいさつはコミュニケーションの基本だよ」。率先して声を出す「あいさつ係」を決めようかと思った。

　「『係』よりも『推進連盟』と名づけたら面白い」「『全国』としたら、スケールが大きくてかっこいい」。クラスで話し合い、一番元気にあいさつする拓磨君がみんなに推されて会長になった。旗揚げは6月。友だちや父母らに呼びかけ、会員は70人を超えた。

　2学期初日の9月1日、拓磨君は席替えで、転校生の井口和彦君の隣になった。「今日は一緒に帰ろうね」。新しい仲間に進んで声をかけるのも、会長の大事な役目だ。心細そうな和彦君の表情が和んだ。「友だちが、もうできたよ」と、家に帰って家族に話した。

　「笑顔いっぱい推進連盟」「美しい言葉を使おう連盟」。1組には「全国」を冠した会が次々に生まれ、今は6団体になった。「かつてのプロレス団体みたいだなあ」と、先生は笑う。

　和彦君は「ゴミをゼロにする会」を立ち上げ、会員を募ろうと考えている。

　「日本一言葉を大切にするクラス」をめざす、北九州市立香月小5年1組を訪ねる。

153

第2章　書くことで社会とつながる

(2)「1秒の重さ　かみしめ」

黒板の左側の壁に菊池省三先生が2枚の模造紙を張り出した。

1枚は「教室にあふれさせたい言葉」のリスト。「ありがとう」「おはよう」「いっしょに遊ぼう」が並ぶ。もう1枚は「教室からなくしたい言葉」。「ばか」「消えろ」「知らん」がある。5年1組が4月にアンケートをとった。

藤原真奈美さんにはリストが「おまじない」に思えた。時々、壁の紙に目を留めて「悪い言葉は使わない」と自分に言い聞かせる。三宅彩香さんは、家でも実践するように心がけた。「言葉遣いがよくなったね」とほめられた。

けれども、「なくしたい」と思ってもうっかり口にすることも少なくない。

9月のある日、子どもたちは「どうすれば本当になくせるか」を考えた。「言ったら廊下に立たせる」「放課後に掃除をさせる」。賛成の声が相次いだ時、田中七津美さんが言った。「反省しなかったら、結局なくならないのでは」。みんなは黙り込んだ。

先生がちょっと話題を変えた。「1秒で何が出来るか知ってる?」と、本やネットで調べた話を紹介した。ハチドリが55回羽ばたく。世界中でニワトリが3万3千個の卵を産む。浜崎あゆみさんは税金を約9円納める。地球が太陽の周りを30キロ進んでいる・・・。子どもたちがわくわくした様子で身を乗り出す。

先生は続けた。「そして、君たちは1秒ほどの言葉で、友だちを勇気づけることも、傷つけることもできるんだよ」

授業の後、中村心君は「ひとことの大切さが分かった」と紙に書いた。

翌日、先生は壁に紙をもう1枚張った。ひと言の重みをかみしめながら話してほしいと「一生懸命一秒」と書いた。

第1章　私達の学級紹介

日本初!　小学生が作ったコミュニケーション大事典

17

❸新聞 投稿、記事掲載

（3）「『1＋1』から伸びる力」

5年1組の理科のノートを点検中、菊池省三先生は「あれ？」と思った。

「インゲン豆の発芽には何が必要か」という質問に、多くの子どもたちが「空気」と書いた。ところが、その理由を尋ねると、「空気が必要だから」。

答えは合っているが、そこに至る筋道を考えるのが苦手。ここ数年、そんな子が増えたように感じる。順序立てて考え、書き、話す力を育みたいと、作文やスピーチを積極的に採り入れた。

国語の時間、先生は黒板に「1＋1」と大きく書いた。「これが作文の基本形だよ」。事実を1行書いたら、気持ちや意見を1行書く。「運動会がありました。うれしかったです」と例文を書く。

次は「事実2＋気持ち1」を書いてみよう。藤川優梨さんは「きょうキックベースをした。ヒットを1本打った。楽しかった」と書いた。「4＋1」で古賀俊貴君は「キックベースをした。ヒットを2本打った。1回だけアウトになった。守る時はファーストにいた。楽しかった」。ノートが文章でどんどん埋まった。

図工の時間もスピーチタイムに早変わり。宿題の工作を提出する日、「1番工夫したところを発表しよう」。

小田恭平君が話そうとすると、前の席の中村祐樹君がささやいた。「後ろの人にも見えるように工作を持つといいよ」。アドバイス通り、帆船の模型を高く掲げ、「クギをうまく打って、糸を張りやすくしました」。家の形の貯金箱を作った青木彩香さんは「色を塗る時に工夫しました。板が絵の具を吸うからです。だから何度も重ねて塗りました」。

厳しく指導するだけではなく、もっと楽しく実践的に考える力を伸ばしたい。先生は、あるアイデアを思いついた。

第1章 私達の学級紹介

日本初！ 小学生が作ったコミュニケーション大事典

155

第2章　書くことで社会とつながる

▼

（4）「めざせディベートの達人」

5年1組に「挑戦状」が届いた。

授業の始めに、菊池省三先生が教室でそのコピーを配った。差出人は「なぞのディベートの達人」。12月に佐賀市であるディベート大会への参加を誘い、「君達の健闘を祈っている」。

その数日前、北九州市で1昨年、開かれた大会のビデオを、1組は視聴覚室で見た。画面は決勝の様子を映していた。向かい合った2チームは、どちらも1組の先輩、香月小の代表だった。

「ディベートって何？」。質問に先生は「スポーツのようにルールのある話し合いだよ」と説明した。「ルールがあるから面白いし、けんかにならない」
先生が授業にディベートを採り入れるようになったのは、10年ほど前からだった。ゲーム感覚で、相手の意見に耳を傾ける態度や、かみ合った議論の仕方を学んでほしいと考えた。

ビデオの中の試合では、テーマは「バスや電車の優先席は必要か」。5人ずつ肯定・否定の2チームに分かれる。事前に地元の駅長に聴いたり、本で調べたりした資料をもとに「優先席があれば、お年寄りや障害者が安心して旅行できる」「無い方が、誰もが譲り合ってマナーが向上する」と、意見や反論を戦わせた。

同年代が演壇で途切れなく話す姿に、吉田稚菜さんは「努力すれば、あの人たちみたいになれるのかな」。

さて、挑戦状。先生が尋ねた。「どうする？」「受けて立つ」と白川稜也君。33人の手が一斉に挙がった。田頭ひとみさんは「相手の意見を聞きながら質問を考える」、山下由衣子さんは「スピーチは苦手だけど頑張る」と決意を紙に書いた。先生は、ニヤリとした。

第1章　私達の学級紹介

日本初！　小学生が作ったコミュニケーション大事典

19

❸新聞 投稿、記事掲載

（5）「学級日記をメルマガで」

羽生宏樹君と久我朋子さんがマウスをクリックした。パソコンの画面が「配信」に切り替わり、仲間から拍手が起きた。

5年1組のメールマガジン創刊号が10月4日、発行された。33人全員が持ち回りで記事を書き、インターネットの配信サービス・サイトを通じて配る。

谷龍太郎君は授業の様子を紹介する「今日の学習『くもりのち晴れ』」コーナーの担当。「くもりは少し難しい勉強、晴れはみんなが頑張った時」と名づけた。森山姫子さんは編集後記に「1万人以上に読んでもらう」と目標を書いた。

菊池省三先生は「誰にでもきちんと伝わる『公の言葉』で書こう」と話した。友だち同士の「内輪の言葉」は教室から外に発信するメルマガにはなじまない。

一方、パソコンの子どもへの影響を心配する声も強まっている。ネット利用のエチケットをどう学ぶか。

10月初めの国語の授業。先生が「手紙を書くときに大切なことは」と尋ねた。考えついた子が順番に黒板へ書き連ねていく。「相手がうれしくなるように書く」「点や丸、かぎかっこに気をつけて学習したことを生かす」「間違いや失礼のないように先生に見てもらう」「困ったことがあれば相談する」・・・・。

「ネットやメールで気をつけることも、これと一緒だね」と先生。こうしてメルマガ作成のガイドライン「5年1組の表現のやくそく」が出来上がった。

創刊号が出た翌日、読者のメールが届いた。東京の男性は「みなさんの笑顔が見えるようです」と送ってくれた。子どもたちは「楽しい記事を書けるように作文をしっかり勉強しよう」。第2号の準備に取りかかった。
（佐々木亮）＝この項終わり

第3章
圧倒的に書く

❶
個人文集

❷
修学旅行のしおり

❸
名言集、卒業文集

1 個人文集

この章では「圧倒的に書く」とのテーマで、様々な場面で書くことを日常化してきた実践を事実に基づいて紹介します。

具体的には、

①個人文集
②修学旅行のしおり
③名言集、卒業文集

の3種です。

私が教師になった昭和の終わりの頃は、作文教育が活発で、生活綴り方教育が色濃く残っていました。子どもたちの生活に密着した作文指導です。周りの教室でも日常的に文章を書かせる指導をしていましたので、私も自然とそんな取り組みを始め、教師になった5年めには「大作づくり」に挑戦しました。個人文集の作成です。量をたくさん書くことをめあての一つにして取り組みを進め、学級平均で400字詰め原稿用紙100枚以上になりました。

完成した個人文集を校長先生に読んでいただいたり、家族の方に読んでいただいたりして、感想文を寄せていただきました。

また、クラスの児童の保護者に新聞記者をしている人がいたこともあり、取材をしてもらい記事として掲載され、子どもたちはお礼の手紙を送って交流しました。

そんな取り組みの一部分を紹介します。

❶個人文集
▼

修学旅行個人文集と卒業記念個人文集

修学旅行個人文集「六年四組のみなさんへ」

菊池省三

六年四組のみなさんへ

――修学旅行個人文集製作をおえて――

初めてのこのような大作を書きあげ、どの人の顔もやりとげた喜びで輝いています。二か月間という長い間、本当によく頑張りましたね。

一人五十枚以上という目標で取りくんだわけですが、みんながこんなにもねばり強く目標を達成するとは、正直に言えば思ってもいませんでした。みんなが目標を突破し、クラス平均が百枚を軽くこえたのですから。みんなのひたむきな努力と、それを支えた意志の強さに感動すら覚えます。

二か月間をふりかえってみると、色々なことがありましたね。夜おそくまでがんばったり、朝早く起きて原稿用紙と向かいあった事。友達の枚数が気になり、必死になって鉛筆をにぎりしめた事。修学旅行で行った先に手紙を出し、みんなのパンフレットを送ってくれた人達……。このように考えると、本当にこの文集は、みんなの宝物ですね。

「書くことは考えることだ」と言われます。それだけ、「書く」ということは大切なことです。このように書きあげたということは、みなさんが大きく成長した証拠でしょう。何かをやりとげる時には、必ず苦しみがあります。しかしそれを乗り越える所に価値があり、喜びがあるものです。今のみんなが、それにあてはまります。特に「書く」という普段避けてしまいがちな事を、最後までやり通しただけに、心から拍手をおくります。

一生の宝物となるこの文集を作りあげた経験を、これからの生活の中でも生かして下さい。先生も楽しみにしています。

最後に、「心をひとつに」という目標で出発した修学旅行が、この文集とともに、いつまでも心に残り、小学校六年間の貴重な思い出となることを喜しく思います。本当によく頑張りました。

昭和六十一年　六月二十三日

六年四組担任　菊池省三

修学旅行個人文集「ご父兄のみなさまへ」

菊池省三

ご父兄のみなさまへ

――修学旅行個人文集製作にあたって――

「文は人なり」といわれます。文章を作り出す過程は、知恵の結集であり、その結果である作品そのものは、大へん尊く貴重なものであります。このように考えますと、作品の出来ばえのみを問うのではなく、書き手である子供の文章表現力の高まりを、担任がどうとらえるかが大切であるといえます。つまり、「作品主義より製作過程重視」への考え方が必要であるといえます。私は、このような考え方のもとで、毎日の作文指導を行っています。

現在の六年生を担任いたし、年度当初、この一年間に「大作をつくろう」の目標のもとに「修学旅行個人文集」と「卒業文集（私の自叙伝）」の二大学元を計画しました。子供達にとっては、このような大作はもちろん初めてのことであります。一人五十枚をめざそうという呼びかけに、大きなとまどいがありました。

しかし、素材が体験を通した学習であり、写真やパンフレット等をはりつけていく作業を取り入れたために、全体的には意欲的に取りくむことができました。

私は、この二か月間をふりかえり、あらためて子供の無限の可能性と、いかにやる気を持って物事に取りくむことが大切かを知らされました。とかく「書く」という活動を子供はいやがります。テレビやファミリーコンピューターが生活の大部分をしめ、「書く」ということから遠ざかっているといわれている今日だけに、当然なことかもしれません。しかし、作文の苦手な子供も、鉛筆をにぎりしめ原稿用紙と向かいあっていました。書きおえた今、「これだけ書いたんだ」という子供の顔は、満足感・充実感にあふれており、実に美しく光り輝いています。

この文集は、このような一人ひとりの価値ある努力の結晶です。国語科という教科指導の観点からみると、不十分な点が多いと思われます。しかし、子供の精一杯努力した貴重な思い出のひとつとなる文集であることは事実です。

ご父兄のみなさまが、あたたかいはげましと称賛の気持ちで読んでいただければ、担任としてこれほどうれしいことはありません。最後に、この文集製作期間中、生活リズムが変わったりしたため、お子様の体調等をご心配された方もおられたことでしょう。ここで、保護者の方々のご協力に対し、お礼を深く申しあげたいと思います。ありがとうございました。

六年四組　担任　菊池省三

○「修学旅行個人文集」北九州市立足原小学校6年4組　加治美穂

　で一生懸命しました。すいみん時間もちぢまったので授業中もあくびを多くしています。みんな寝むたそうで、目がとろりとなっている人が目立ちます。自分の目標枚数めざして頑張りぬきました。

　私だけのこの文集は、一生の思い出にするために書きました。十年後に読んでああ修学旅行だったんだなと思い出せる文集を目あてに希望を持って、立ち進みました。お母さんには、「もうそんなにおそくまでして」とおこられたけど、目あてに向かって走って行きました。この文集をしなければ、私の修学旅行は思い出にならなかったかもしれません。写真やパンフレットだけじゃ思い出にならなかったかもしれません。しかし、この文集を書いて思い出になりました。どれだけ私の力が付いたのか試すため、一生の思い出にするためです。

　書くと中で
「ああ、もうしたくない！」
と、何度もなげきました。でも自分が成長するのはこれだと思いこんで書いて行きました。だから、字がメチャメチャなところ所、いっ

ぱいあります。枚数を必ずしに増やそうと一日十枚も十五枚も書いて、頑張りました。
　この文集には工夫している所があります。一つは、写真から思った事を書いている事、もう一つは、行った熊本県や大分県の事について書いているという事です。そんな工夫を頭に入れておいてお読み下さい。
　一番読んでほしい所があります。それは、阿蘇山のパンフレットからの雄大さを書いている文です。修学旅行の作文の時にも、阿蘇山の事も考えも読んでほしいのです。自分勝手な私ですけれど、読んでみて下さい。
　読んでいると中、字がおかしかったり、まちがっている所がたくさんあると思います。でも、一生懸命心をこめて書きましたので、最後までお読み下さい。一生の思い出の文集ですので、私と一緒に思い出にして下さい。
　最後までお読み下さい。読んでくれる事をお願い致しておきます。めいわくをかけて、どうもすみませんでした。

昭和六十一年六月二十三日　加治美穂

❶個人文集

1986年度（昭和61年度）　　　　　　　　　　　　　　　　　　　　　　　　※原文ママ

（クラス全体の）はじめに

　表紙の題を見てもわかるように、これは楽しかった修学旅行の文集です。修学旅行は、私達の六年間の小学校生活の中で、最初で最後の旅行です。つまり、最高の思い出となるものなのです。

　この文集は、その中で私達が学んだこと、思ったことが、ありのままに素直につめこまれているものです。

　読みにくい所もあるかもしれませんが、毎日毎日一生懸命書きました。一生の宝物になるようにと書きました。ぜひ最後まで読んで下さい。

　私達は、修学旅行に行くにあたって、クラスで次のような目標を話し合って決めました。

○自然に親しむこと
○集団生活の大切さを身につけること
○「心を一つに」クラスでまとまること

という目標です。その中でも「心を一つに」というのが、主な目標でした。その達成のために一泊二日の生活の中でどういうふうに考え行動すればよいかが一番の問題でした。私達はそのために、何時間もかけて、考え合って出発したのです。

　その結果、とてもすばらしい修学旅行になりました。きっと、この文集を読んで、確かめてみて下さい。一人ひとり、心に残る修学旅行になっているでしょう。

　雑字や漢字のまちがい等で読みにくいと思いますが最後までゆっくり読んで下さい。家の方にも大変ごめいわくをおかけしました。協力していただいたお礼の気持ちでいっぱいです。ありがとうございました。ぜひ最後まで、ごゆっくり読んでみて下さい。

はじめに　――私の文集を読まれる方へ――

　この文集は、家で努力を積み重ねて仕あげた、修学旅行の思い出の品です。夜は、十時半か十一時までして、朝は六時に起きてしまいました。ねむい目をこすって、コーヒーを飲ん

165

第3章　圧倒的に書く

修学旅行個人文集「阿蘇山　火山博物館」の一部
加治美穂

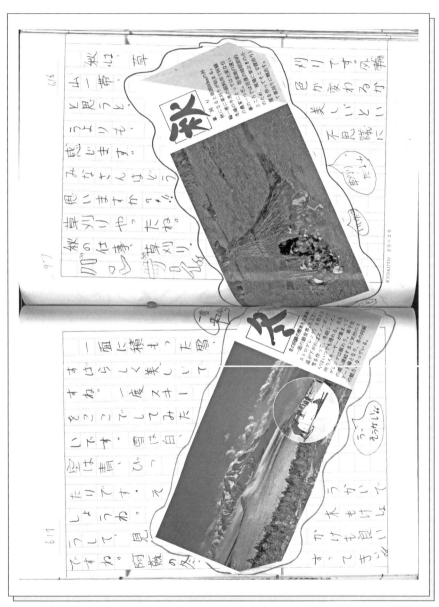

❶個人文集

文集を読んだ校長先生のお手紙と加治さんのお手紙

校長先生へ

忙がしい中、文集を読んでくださって、どうもありがとうございました。
誤字の訂正と、感想のおかげで、自分の良い所や悪い所を知ることができました。
小学校生活も残り六ヶ月となりました。精いっぱい勉強、スポーツ、友達関係共に頑張ろうと思いますので、よろしくお願いします。
中川淳子さんとも、一緒に頑張りあえる友達でいしょうと思います。
校長先生、文集を書いたことを思い出して、つらい時、一生の宝物にして、苦しくのりこえます。
ありがとうございました。

六年四組　加治　美穂
61.10.17

第3章　圧倒的に書く

文集を読んだ加治さんのおばあちゃんのお手紙

この文集を読み出してから途中でページを最後迄パラくとめくって処々拾い読みをしていただけでもくもくもこれだけ書きも書いたり書かせたりの感動の一言につきます。それも大人になって読み返えした時文章自身には新正しい個所があるかもわからないが喜びが素直に表現されていて小学六年生でこれだけの事が書けるのかと驚愕した。それにも増して先生の児童に対する暖かい思いやり児童一人々々の長所或は特徴を細く観察され指導されている事である。

この文集は彼女の一生の宝であり、そして足原小学校の時の担任の先生と学友は一生忘れる事はないであろう。

最後に思った事は現在問題になっている少年少女のいぢめや非行防止は不可能ではないという事です。

小学校から高校迄 菊池省三先生の様な方が多勢いらっしゃれば。

（祖母）

❶個人文集

記事掲載のお礼の手紙①

1987年3月16日付読売新聞

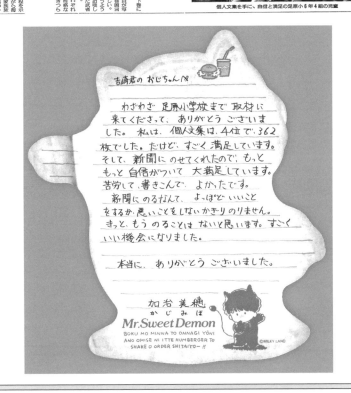

第3章　圧倒的に書く

記事掲載のお礼の手紙②

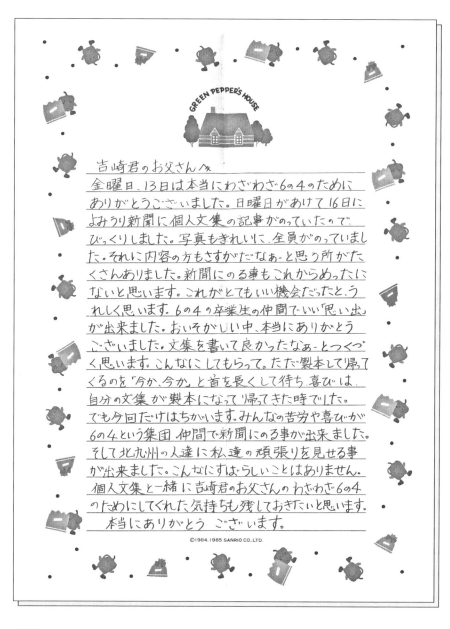

吉崎君のお父さんへ

　金曜日、13日は本当にわざわざ6の4のためにありがとうございました。日曜日があけて16日によみうり新聞に個人文集の記事がのっていたので、びっくりしました。写真もきれいに、全員がのっていました。それに内容の方もさすがだなぁーと思う所がたくさんありました。新聞にのる事もこれからめったにないと思います。これがとてもいい機会だったと、うれしく思います。6の4の卒業生の仲間でいい「思い出」が出来ました。おいそがしい中、本当にありがとうございました。文集を書いて良かったなぁーとつくづく思います。こんなにしてもらって。ただ製本して帰ってくるのを「今か、今か」と首を長くして待ち、喜びは、自分の文集が製本になって帰ってきた時でした。でも今回だけはちがいます。みんなの苦労や喜びが6の4という集団、仲間で新聞にのる事が出来ました。そして北九州の人達に私達の頑張りを見せる事が出来ました。こんなにすばらしいことはありません。個人文集と一緒に吉崎君のお父さんのわざわざ6の4のためにしてくれた気持ちも残しておきたいと思います。
　本当にありがとうございます。

記事掲載のお礼の手紙③

吉崎君のお父さんへ

足原小4年　林　達秀

読売新聞に記事としてのせていただきありがとうございました。この文集は本当に重く感じうれしかったです。グループの中でたった一枚だけで受け取ってしまったということが傷となりとても残念に思います。

個人的で申し訳ないのですが、新聞に出ている写真を見るととても素直な表情が見え目に焼きつきます。新聞を通して文集にはげんだ６の４の児童をみなさんに読んでもらいたいと大変光栄に思います。目標を定めそしてやりとげた１つの文集。僕としては一生の宝物になることでしょう。また新聞に出たということもいい記念に残ると思います。ありがとうございました。これからも地域に密着した活けある情報を新聞にのせてみなさんが喜ぶ様な新聞を作って下さい。

吉崎君のお父さんへ

個人文集を書き終えての感想

604（加治　美穂　）

この文集も含め、一年間をふり返ってみると、数々の事が思い出されました。菊池先生が何が言いたいか、どうしてあの学級目標にしたか、最初は分かりませんでした。でも、今になると、先生の気持ちが少しずつ分かってきました。文集を書き上げた喜びと同時に、私は、自分で言うのはおかしいけど、成長したなあ、と思います。この上の写真でも分かるように、みんなも成長したなあと思います。みんなで成長したなあと思います。一人だけとか、三・四人だけとかじゃなくて…。

先生は、科目の授業の他に、心の面の授業に、すごく力を入れてくれました。最初は、「そんなことしてどうするんだろう」と正直言って思っていました。だけど、今は、先生がしてくれたことが、すごくありがたいと思っています。三学期ごろ、力のある人からにげていたのに、それを、先生が直してくれました。あの時、しなかったら、ずっと、負け犬の遠ぼえ、になっていたと思います。一年間という月日が、私にとって、大事になりました。文集も、その中の一つです。400枚は書けなかったけど、満足感でいっぱいです。修学旅行個人文集、自叙伝合わせると、702枚になります。この文集を書くにわたって覚えた、エネルギーや、友達の大切さを、これからも生かしたいです。卒業して、いい先生、いい友達に出会えて本当にありがたいです。

みんな「ごくろうさま」でした。

S 62．3．16

604（中川　寿子　）

卒業記念個人文集が出来て新聞までその出来事がのった。校長先生が言われたように記事の右横に見られる学級写真は、自信と満足にあふれた笑顔でうめつくされた状態だった。こんなふうに写真で笑顔を自分ばかりにつくれるということは、やっぱり文集を400枚書いたというやりとおした気持ちがそのまま顔に出たからだと思う。私は、卒業記念個人文集を、本として考え、筆者としてもいいと考えた。みんなが作家なのだと…。そして書くことが喜びを604という集団、仲間でおたがいに味わっている。とてもすばらしい事ではないか!! 口先だけでこんな大作が出来るものではないという事がはっきり分かる。校長先生が「美しい言葉美しい心が文集を書くことによって身について成長している。」と言った。私も確かに書くことによって自分の十二年間をふり返る気持ちや今までの多くの人への感謝などを素直な心で書けたと思っている。ただの400枚ではなくてそういう自信満々という気持ちで文集が書けたことが私にとってなによりうれしい。喜びと感謝にみちた気持ちはこれから先も、もっともっと味わっていきたい気持ちだと思う。一ヵ月間の出来事が一年間の長い月日に感じられてしかたがない。

修学旅行のしおり

　続いて、「修学旅行のしおり」です。

　ここでは、2010年度（平成22年度）北九州市立貴船小学校6年1組で作成した「しおり」を紹介します。本文52ページの大作でした。

　表紙（下の写真参照）に「『KTSO』を実行できる26人の『楽しい修学旅行』にしよう!!」と書かれています。「K（言葉遣いがていねい）、T（美しい態度）、S（群れない集団）、O（公の場に強くなる）」という意味で、「言葉（K）、態度（T）、集団（S）、公（O）」という成長のキーワードを軸に日々重ねてきた学びを、修学旅行という非日常の場で一気に加速しようと、子どもたちが話し合ってまとめたものです。

　しおりの後半には、「言葉遣い100」「公の場100」「態度の53」など、めあての具体的な内容が細かく書き込まれています。

第3章　圧倒的に書く

「修学旅行のしおり」

2010年度（平成22年度）北九州市立貴船小学校6年1組

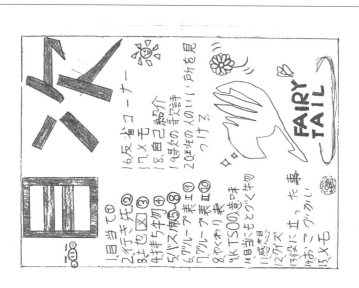

♡やくわり表♡

- 先生方やお家の人に代表あいさつ(吉川君・高濱君)
- バスガイドさんにあいさつ(一日目)(森永鈴さん)
- 先生方にあいさつ(一日目)(恵良田君)
- (一日目)昼食・いただきます(梅野さん)
- (一日目)昼食・ごちそうさま(村上さん)
- バスガイド・運転手にお礼(久保田さん)
- 先生方にお礼(藤野君)
- ホテルの方にあいさつ(古賀さん・衛藤さん)
- (一日目)夕食・いただきます(永元君)
- (一日目)夕食・ごちそうさま(谷口君)
- 総合司会(藤井さん・野田さん)
- (二日目)朝食・いただきます(坂本さん)
- (二日目)朝食・ごちそうさま(佐藤さん)
- ホテルの方にあいさつ(新室君・保乎賓君)
- (二日目)昼食・いただきます(山城さん)
- (二日目)昼食・ごちそうさま(有川さん)
- 先生方にあいさつ(森永鈴菜さん)
- バスガイド・運転手にあいさつ(徳光君)
- お礼(半晴さん)
- 先生方にあいさつ(氷上さん・吉川さん)
- 代表あいさつ(岡島さん)

174

❷修学旅行のしおり

日程・行き先

月日	時刻	場所	何をするのか
6月9日	7:45	貴船小学校集合	集合
	8:20	貴船小学校出発	トイレ休憩
	9:40	道の駅しんよしとみ	
	9:50	道の駅しんよしとみ出発	
	11:10	九州自然動物園アフリカンサファリ	昼食見学
	13:40	九州自然動物園アフリカンサファリ出発	
	14:20	大分マリーンパレス水族館うみたまご	見学
	16:00	大分マリーンパレスうみたまご出発	
	16:40	セントレジャー城島高原ホテル	宿泊
6月10日	8:30	セントレジャー城島高原ホテル出発	部屋点検
	8:40	城島高原パーク	昼食
	13:50	城島高原パーク出発	
	15:10	道の駅しんよしとみ	トイレ休憩
	15:20	道の駅しんよしとみ出発	
	16:30	貴船小学校到着	

-2-

目当て!!
K(言葉遣いがていねい。)
T(美しい態度)
S(群れない集団)
O(公の場に強くなる)
KTSOが実行できる26人の楽しい修学旅行にしよう!!

修学旅行の目的!!
○自然景観や文化に触れ合うことで、豊かな情操を養う。
○校外における集団・宿泊生活を通して、集団としての基本的生活習慣や公衆道徳を体感する。

-1-

第3章　圧倒的に書く

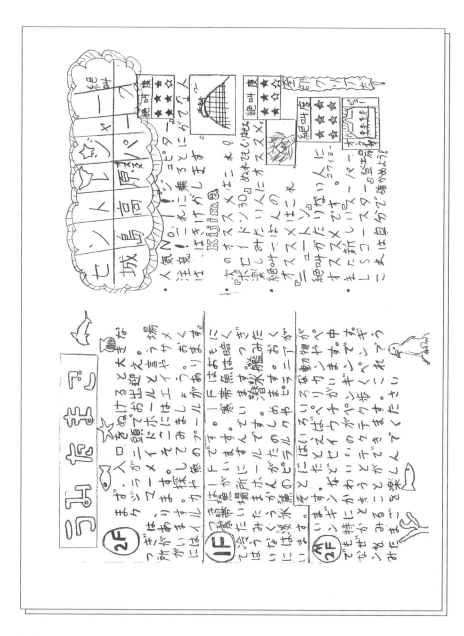

❷修学旅行のしおり

K…言葉遣い100
有川風由香

① お願いする時は「お願いします。」
② おれいをする時は「ありがとうございました。」
③ 朝のあいさつの時は「おはようございます。」
④ 昼のあいさつの時は「こんにちは。」
⑤ 返事をする時は「ハイ」
⑥ あやまる時は「すいませんでした」
⑦ 言われた人が傷つく言葉は使わない(バカ、アホなど)
⑧ 静かにしてもらう時は「静かにしてください。」
⑨ 目上の人などには特に言葉使いをきにする
⑩ らんぼうな言葉遣いは誰にたいしても×やめよう
⑪ おせわになる人にはきちんとあいさつをする
⑫ バスの席をかわる時は「早くかわれ」ではなく「かわってね」
⑬ 話す時にはハキハキと話す
⑭ 美しい日本語で話す
⑮ 相手に届くように
⑯ 聞こえるように
⑰ ヘンジをする時は「うん」ではなく「ハイ」
⑱ 見せてもらう時などは「見せてね」と言う

⑲「いただきます」感謝の気持ちで言う。
⑳「ごちそうさま」ありがとうの気持ちで。
㉑ 質問をする時はかってにしゃべりださない。
㉒ 単語で話さず「～です」「～ます」で話す。
㉓ 言葉遣いを大切に。
㉔ みんなが一回で聞こえるようにはきはきと。
㉕ 報告する時は相手がわかるような言葉を使う。
㉖「おせわになった方には「おせわりなりました。」
㉗ はんの人はんの人たちが言葉遣いがあらかたと違う。
㉘ いけないことをしていたら「やめよう」とやさしく言う
㉙ ケンカにならないようにやさしい言葉を使う。
㉚ 一般のお客さんにも「こんにちは。」と言いましょう。
㉛ お客さんに「こんにちは」と言われたら「こんにちは」と返う。
㉜ ペラペラいらない言葉は言わない。
㉝ 訪ねる時はちょっといいですか」と言う。
㉞ 聞いて意味がわからない時はもう一度言ってください」と言う
㉟ 下品な言葉は使わない。
㊱ ご飯の時には特に下品な言葉わ言わない

㊲「～します」と言い切る。
㊳ 人のマイナスを言うよりプラスを言う。
㊴ 話す時は言葉遣いに気をつけて話す
㊵ 朝のあいさつは元気よく「おはようございます。」
㊶ お客さんに小さい子がいたらてのこなうずんと怖がらない。
㊷ パズルの時に「おもしろくない」とかは言わない。
㊸ ヤキどかを見て「かわいくない」などは言わない。
㊹ ご飯を食べて「まずい」とは言わない。
㊺「おいしい」と言う。
㊻ 返事をする時の「はい」に小さい「っ」を入れる。
㊼ 楽しい修学旅行なので「死ぬ」などは使っていけない。
㊽ 注意する時は言葉はやさしく
㊾ となりどうしで話す時は大きな声をださない
㊿ みんなの前で言う時は大きな声で
51 目上の人に聞いたりする時はられるだけではなくすんけすんけ
52 もん人を言うより「～したほうがいいよ」と言ってあげる。
53 姉から言葉きたにしたほうがいいよと言われないようにする。
54 待てもう時は「まてちゃっとまってね」「待ってください。」

55 返事をする時は短く、速く、ハッキリとすること。
56 楽しい顔であいさつをする。
57 何かをする「～するけ」じゃなく「～します」と言う
58「あんたはいい」をやめる。
59「なんちゅうたん」という言葉を出すのをやめる。
60「やさいね」「ありがとう」などやさしい言葉を言われるように。
61 6年1組みのみれをせたい言葉を使う。
62 美しい日本語。
63「価値語」。価値のある言葉を使う。
64「～ですか？」と聞かれたら「～です」と言い返す。
65 人が言われうれしい言葉を使う。「頑張ったね」など外
66「わからん」「やらん」は言わない。
67「楽しいね」「おもしろいね」いい言葉は使う。
68 その時々言葉遣いがあらがあ思ようなきれいな言葉で返す
69「大丈夫」「やさしい」言葉は使う。
70「お前」「すなっちゃ」まずい言葉は言わない。
71 言葉遣いきれいだねと言われるように。
72 冗談でも言われた人がきずつく言葉はいわない。

177

第3章　圧倒的に書く

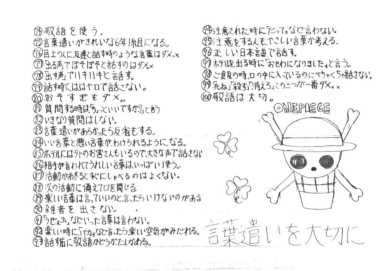

❷修学旅行のしおり

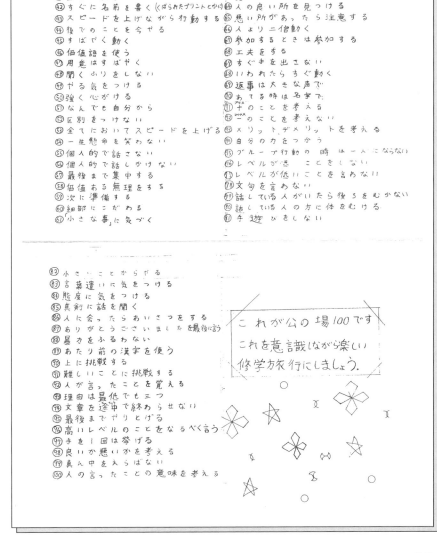

T…態度の53　　岡島 光

①姿勢を、正しくする。
②人が話ている時は、ちゃんと聞く。
③きをつけをする時は、かかとをくっつける。
④きをつけをする時には、中指をピンとする。
⑤すぐに、行動をする。
⑥グループの人にもいやな事を、しない。
⑦大人の人たちへの態度!!
⑧グループの人たちは、仲よく。
⑩笑顔を大切にすごそう。
⑪人の話は、1回で聞く。
⑫何にでも、スピードをつけよう。
⑬する時はする、しない時は、しない…自分で判断する。
⑭あいさつは、かかさずしよう。
⑮質問がある時は、挙手の手が真っ直ぐに伸びる。
⑯手は、天井につきさすように。
⑰メモは、時間いっぱい書く。
⑱大人の人には、気の利いた事をする。
⑲仕事をする時は、金魚のフンにならない。
⑳話を聞く時は、目を見て聞く。
㉑バスレクで歌う時は、きちんと歌いましょう。
㉒質問する時は、もぞもぞ言わない。
㉓ほかのお客様にも、きちんとした態度をとろう。
㉔拍手をする時は、五拍手!!
㉕緊張君のせいにしない。
㉖話を聞く時は、口びるを閉じて聞く。
㉗切り替えを早くしよう。
㉘よばれたら、へんじをする。
㉙人前では、自信を持とう!!
㉚グループでのコソコソ話はX!
㉛男女かんけいなく楽しもう。

㉜誰にたいしても態度を変えないようにしよう。
㉝ほかのお客様に失礼のないような態度をしよう。
㉞友達にも、気の利いた事をしよう!
㉟人にたいしての態度、姿勢には気をつけておこう!!
㊱メモをする時は、姿勢をくずさない。
㊲なるべくけしゴムを使わない。
㊳お客様から、「賞船小学校てえらいんだなあ〜」と思われるように、最初から態度には気をつけよう!!
㊴おせわになる人には、あまりめいわくがけないようにしよう。
㊵質問をする時は、自分から口火をきろう。
㊶ホテルやうみたまご、サファリーに行った時誰にでもあいさつをしよう。
㊷友達がいい事をしたらほめてあげよう。
㊸あいさつする時は、態度もきをつけよう。
㊹大人の人への、言葉遣かいも大切にしよう!!
㊺名前をよぶ時は、「〜さん」を付けてよぼう!!
㊻人前でハズかしい事はしない。
㊼好きかってな行動はしない。
㊽グループで行動する時はなるべく班長の言う事を聞こう。
㊾時間は、守ろう。
㊿プラス1もしよう。
51 仲良しグループで行動はしない。
52 グループで友達を1人にしない。
53 考える時は、みんなで!!

この53の事を守ろう!!

❷修学旅行のしおり

楽しくする態度 106

作・森永金宏

○バスの中…
①人が話したらしばらく黙る。
②目を見て話を聞く。
③フラウスな言葉を使う。
④自分から進んでトイレに行動する。
⑤自分の頭で考えて、空気を読んで行動する。
⑥その場の空気を読んで行動する。
⑦つまらない事でケンカをしない。
⑧あたり前の事をあたり前にしっかりとやる。
⑨クラスになる行動をふるまえる。
⑩価値語をふるまえる。

○バスに来る時…
①運転者さんに「よろしくお願いします」と言う。
②スピードが出ない三人以上は集まらない。
③おしゃべりすぎて自分の場所が分からなくならない。
④来る時はや笑顔で来る。
⑤早退力を入れる。
⑥(バスに来る時…)
⑦運転車さんにも「ありがとうございました」と言う。
⑧休憩の時…
⑨休憩の意味を理解して一人で行く。
⑩群れが集団になる。
⑪本当にトイレに行きたい人だけ行く。
⑫お茶等を飲んで静かにしておく。
⑬乗物に酔った時…
⑭勝手に取らないで人に言う。
⑮忘れ物をしない。
⑯次に使れた方法で(動かく/取りに行く)決まった方法でふるまようにする。①

○ホテルに入る時…
①ホテルの人に「よろしくお願いします」と言う。
②始めから良い印象を取られるようにする。
③フザけながら入らない。
④自分からあいさつに入る時。
⑤ホテルから出る時…
⑥ホテルの人に「ありがとうございました」と言っておく。
⑦始めから最後まで良い印象で終わる。
⑧ホテルに泊まる時…
⑨部屋をきれいにしたりあいさつをしっかりと言う。
⑩これからとてもお世話になります」と言う。
⑪感動できる走りをする。
⑫お風呂に入る時…
⑬大声で笑いすぎない事をしない。
⑭温泉で…
⑮他の人がイヤになる事をしない。
⑯ケガをしている時もう入らない。
⑰若者がいる時は静かに入る。
⑱お湯の中に飛び込まない。
⑲お湯等で洗う時はやくはやく。
⑳体等を洗う時はすぐダラダラしない。
㉑温泉に行く時と行く時等モラルが上がる。
㉒恥ずかしい態度に取られない。
㉓温泉から出た時に礼等を言う。②
㉔先生に言う。
㉕(しかられたり)けじめをふふを使う。
㉖言われた事をおこないに行動する。

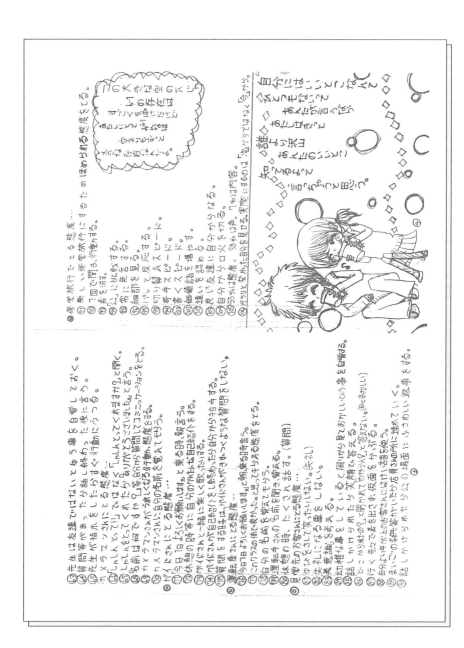

3 名言集、卒業文集

　クラスのみんなで一つの文集をまとめ上げた取り組みとして、「名言集」と「卒業文集」を紹介します。

「名言集」は、2009年度（平成21年度）に北九州市立貴船小学校6年1組で作成した「32人の名言集『公に強い自分になろう！』」です。

　貴船小学校在籍中の実践の中では、本書の中でもたびたび取り上げているように、2010年度（平成20年度）のものが圧倒的に多かったのですが、これは、その前年の取り組みです。

　この頃から、現在の「価値語100　ハンドブック」（中村堂・2016年）のような文集を学級でつくり始めました。

　なぜ、この価値語が出てきたのか、どういったときに使うのか、どんなメリットがあるのかということを、一人ひとりが自分の価値語を出して説明して、一冊の文集をつくるという活動です。全員が、B4判の用紙にレイアウトを工夫してまとめました。

「卒業文集」は、私の現役時代の最後の教室となった2014年度（平成26年度）の北九州市立小倉中央小学校6年1組でまとめたものです。

　この1年間の教室の様子は、この章の最初に紹介した「個人文集」の取り組んだ時の教え子である吉崎エイジーニョ氏に、「学級崩壊立て直し請負人　菊池省三、最後の教室」（講談社・2015年）としてドキュメンタリー風にまとめていただいています。

　また、ドキュメンタリー映画「挑む～菊池省三・白熱する教室」としても紹介していただきました。

　それらの中でも話題の中心的存在であった3人の作文を紹介します。

第3章　圧倒的に書く

「32人の名言集『公に強い自分になろう！』」

2009年度（平成21年度）北九州市立貴船小学校6年1組

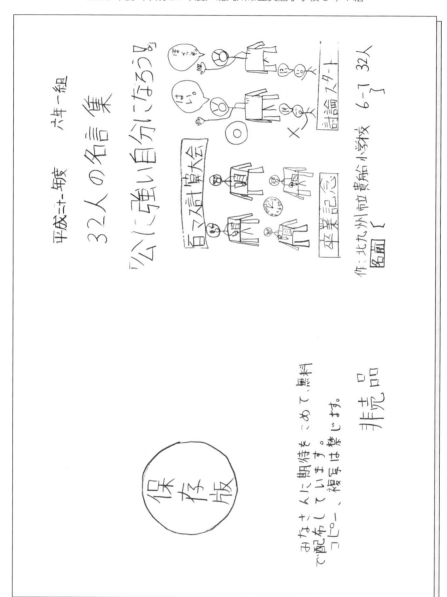

❸名言集、卒業文集

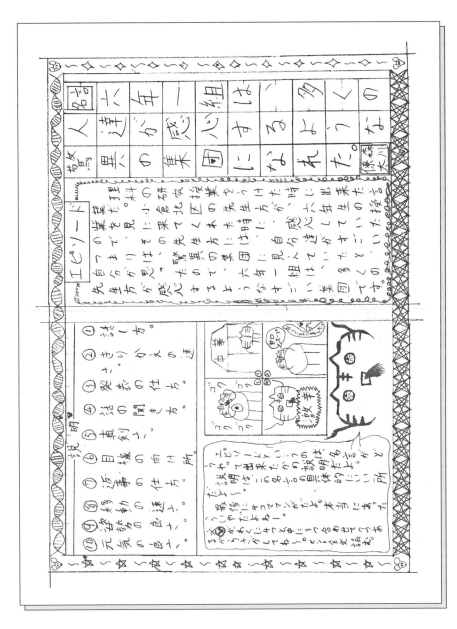

第3章 圧倒的に書く

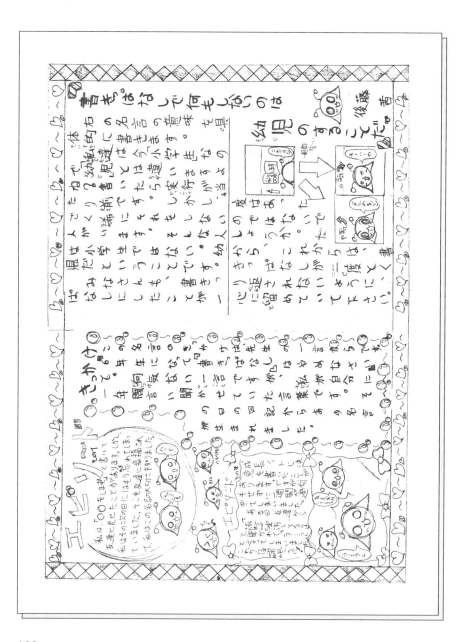

❸ 名言集、卒業文集

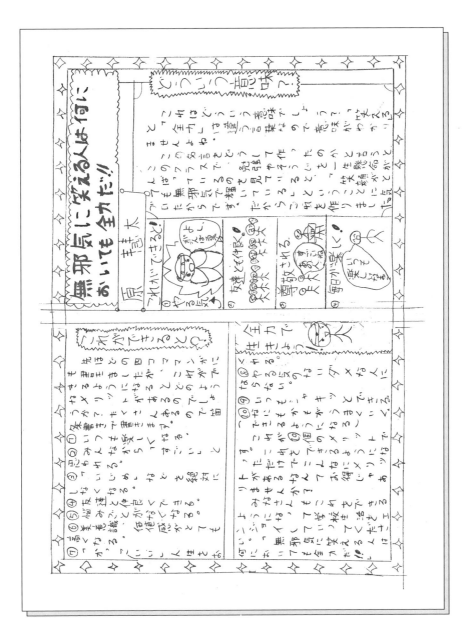

第３章　圧倒的に書く

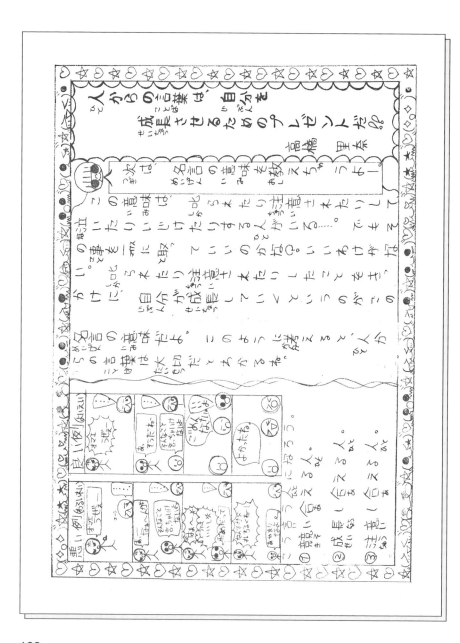

❸名言集、卒業文集

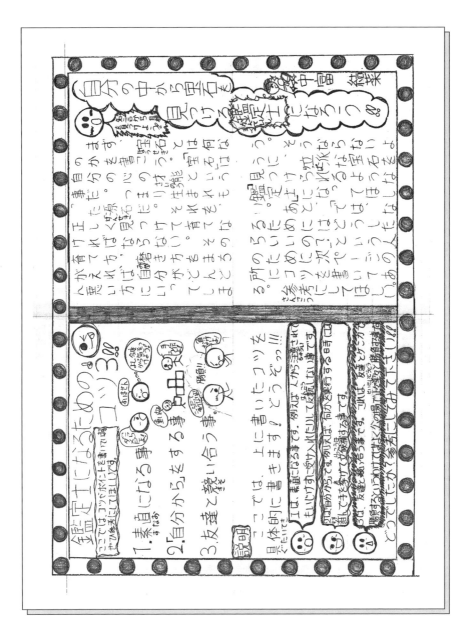

第３章　圧倒的に書く

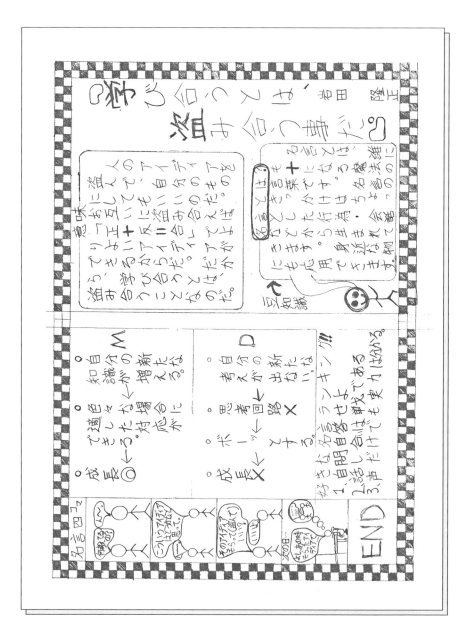

❸ 名言集、卒業文集

「卒業文集『みんなちがってみんないい!!』」

2014年度（平成26年度）北九州市立小倉中央小学校6年1組

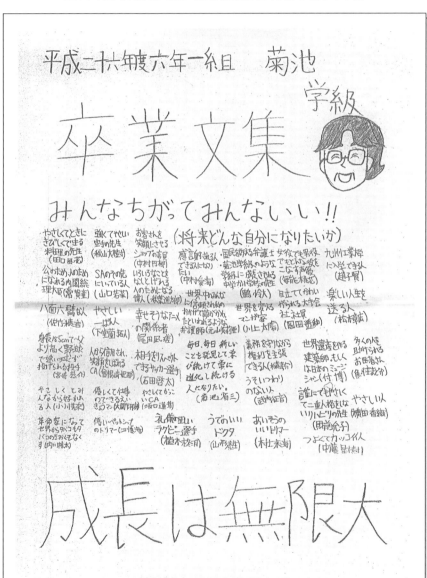

第3章　圧倒的に書く

❸名言集、卒業文集

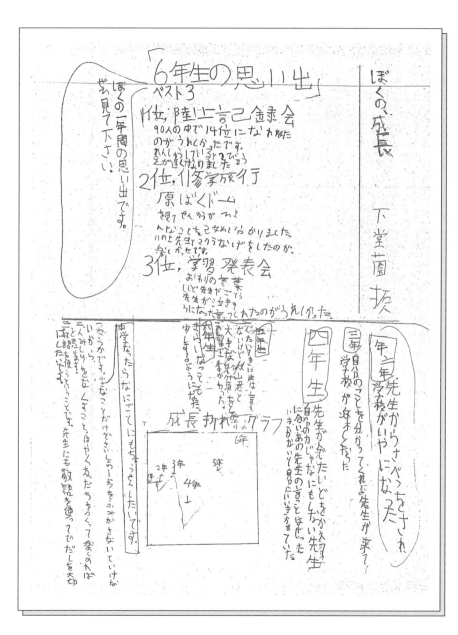

193

第３章　圧倒的に書く

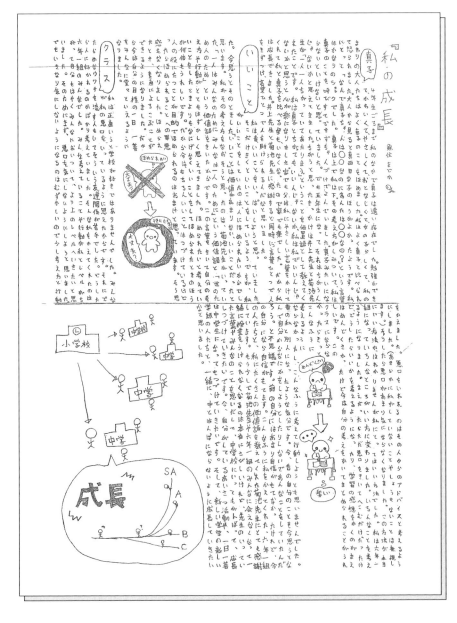

第4章
授業の中で書く

● 38 倍表現が上手になるコツ、外来語ハンドブック

38倍表現が上手になるコツ、外来語ハンドブック

　最後に紹介するのは、1989年（平成元年度）北九州市立到津小学校6年1組で実践したものです。
　私が経験した33年間の教員生活で担任した学級の中で、よい学級だったと自負している学級の一つです。
　この2年ほど前に、その後私が師匠として学び続けることになる桑田泰佑先生と出会い、「全国レベル」の実践をめざして強い学びを始めました。仲間とサークルも作って自主的な学びも始めていました。
　平成の初めに文部科学省は、「新しい学力観『生きる力』」を発表し、「自分の課題を見付け、主体的に考えたり、判断したり、表現したりして解決するような学習活動を積極的に展開」と打ち出しました。私は、それに対する自分なりの答えとして、ここに紹介するような実践を重ねました。代表的なものを2つ紹介します。

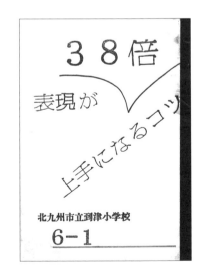

　一つ目は、クラスみんなでつくった「38倍表現が上手になるコツ」です。「作文」「詩」「読書感想文」の3テーマの中から、一人ひとつテーマを決め、本や新聞などを徹底して調べ、1枚のB4の紙にまとめました。
　もう一つは、個別に冊子にまとめる取り組みで、ここでは岩田康弘くんがまとめた「外来語ハンドブック」の一部を紹介します。

●38倍表現が上手になるコツ、外来語ハンドブック

「38倍表現が上手になるコツ」

1989年度（平成元年度）北九州市立到津小学校6年1組

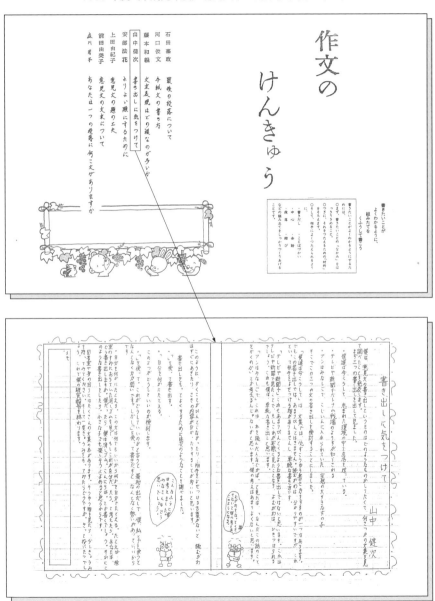

第4章　授業の中で書く

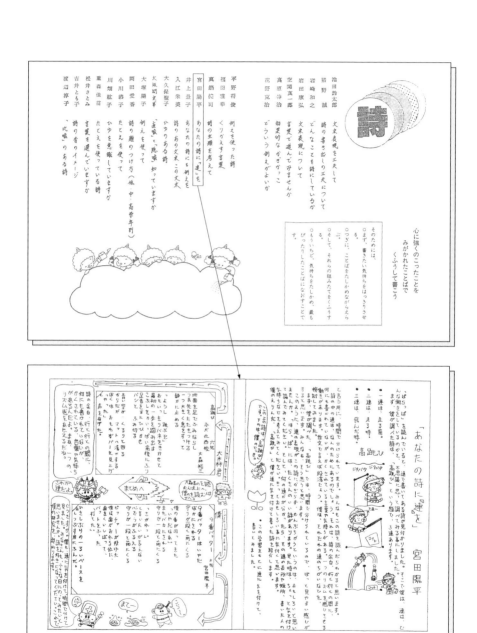

●38 倍表現が上手になるコツ、外来語ハンドブック

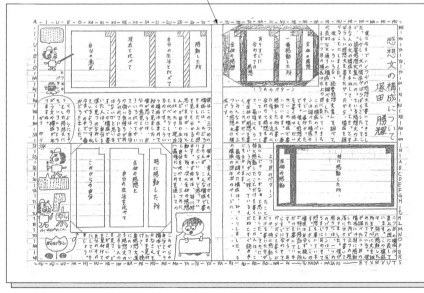

第4章 授業の中で書く

○「読まなきゃソンするぞ外来語ハンドブック　今はやりのKOTOBA」○

1989年度（平成元年度）北九州市立到津小学校6年1組岩田康弘

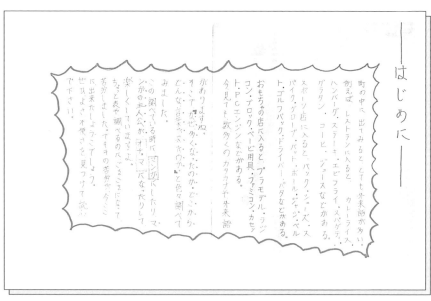

●38 倍表現が上手になるコツ、外来語ハンドブック

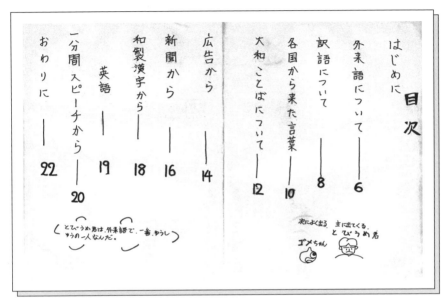

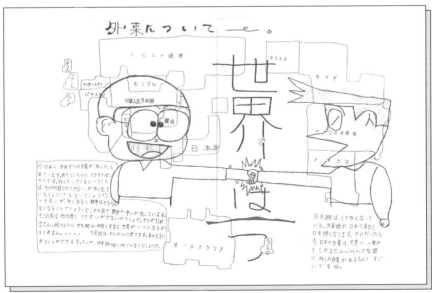

第4章 授業の中で書く

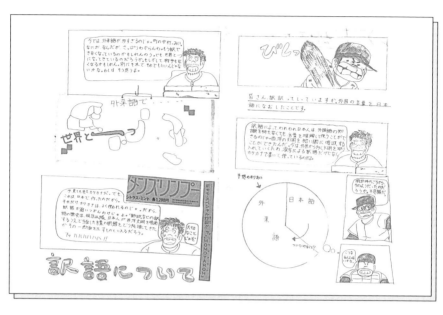

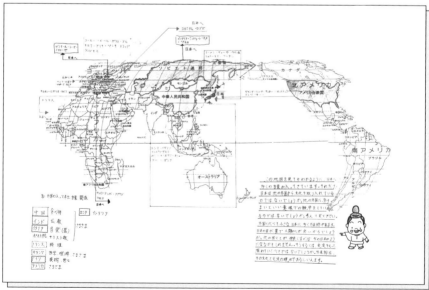

●38 倍表現が上手になるコツ、外来語ハンドブック

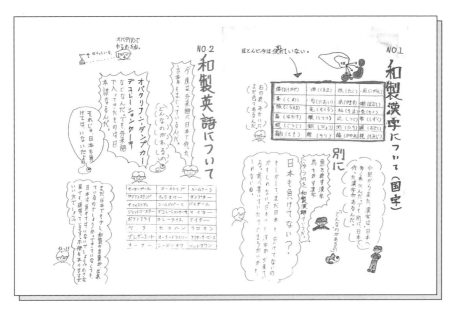

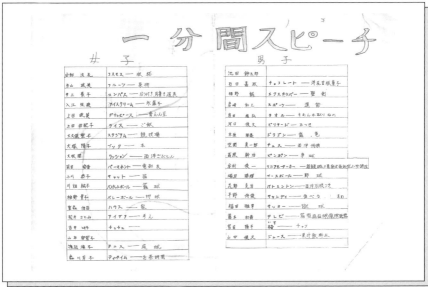

おわりに

　なかなか戻ることのできない北九州の自宅に帰った折、菊池道場のメンバーとの勉強会を設定し、その前後に、整理されないままになっていた私の膨大な書籍や資料を、共に片づけていただく機会を何度かもちました。

　一冊一冊の書籍に思い出があります。
　一つ一つの資料を手にするごとに、当時の教室のことを思い出します。
　そんなことの連続でなかなか作業は進みませんでしたが、その中から、子どもたちの作文や作品を抜き出し、ジャンルごとに整理しました。
　私自身の実践の証拠の数々が発掘されました。
　これまでに「菊池実践」の事実を伝える書籍として
「動画で見る菊池学級の子どもたち」　2014年8月
「写真で見る菊池学級の子どもたち」　2014年12月
「DVDで観る菊池学級の成長の事実」　2016年3月
の3冊をまとめてきました。
　また、菊池実践の要である「書くこと」の実践については、
「人間を育てる　菊池道場流　作文の指導」　2015年4月
を道場メンバーと共にまとめました。

以前から、その資料の中から、子どもたちの作文を抜き出し、整理して、事実を伝えるシリーズの第4弾となる「作文で読む　菊池学級の子どもたち」をまとめたいと強く思っていました。

　何回かに渡った資料の整理にご協力いただいた道場メンバーには感謝の気持ちでいっぱいです。資料を手にしながら、作業の手を止めて、当時のことを思い出しながら、当時の様子を皆さんにお伝えした時間は、本当に貴重、かつ楽しいものでした。

　「作文で読む　菊池学級の子どもたち」の発行にあたり、今回も、中村堂の中村宏隆社長には、企画段階から編集段階までお力添えをいだきました。ありがとうございました。

　資料の中には、懐かしい映像を収めたビデオテープもたくさんありました。時間が経って、画像が荒れてしまっているものも少なくありませんが、これらも整理して、いつの日かまとめたいと思っています。

　私は、本気の「事実」で勝負します。事実に反映されていない、理論だけをあれこれと言い合うような学校教育から決別したいと本気で思っています。

　これからも、事実をもとに熱く語り合います。事実のレベルを高め合う菊池道場を、全国の皆さんと創り上げていきたいと思っています。

　それが日本の未来を創ること、そのものだと信じています

2019年10月29日　菊池道場　道場長　菊池省三

本書で一部分を紹介したプリント
「『成長してきたのか？』
〜「55」への「550」の書き込み〜」
をダウンロードしてご活用いただけます。

【ダウンロードの方法】

①中村堂のホームページにアクセスします。
　http://www.nakadoh.com/

②画面上部のメニューから［ダウンロード］を選びます。

③［作文で読む菊池学級の子どもたち］の書名をクリックします。

④「認証が必要」という画面が現れますので、以下のユーザー名とパスワードを入力します。

　　ユーザー名：sakubun
　　パスワード：skikuchi

⑤シート名をクリックして、印刷あるいはダウンロードします。

（注）印刷とダウンロードの方法は、お使いのブラウザーによって異なります。各ブラウザーの使用方法をご参照ください。

●著者紹介
菊池省三（きくち・しょうぞう）

1959年愛媛県生まれ。「菊池道場」道場長。元福岡県北九州市公立小学校教諭。山口大学教育学部卒業。文部科学省の「『熟議』に基づく教育政策形成の在り方に関する懇談会」委員。2019年度(令和元年度)高知県いの町教育特使、大分県中津市教育スーパーアドバイザー、三重県松阪市学級経営マイスター、岡山県浅口市学級経営アドバイザー　等。

著書は、「『教育』を解き放つ」、「楽しみながらコミュニケーション力を育てる10の授業」、「個の確立した集団を育てる　学級ディベート」、「人間を育てる　菊池道場流叱る指導」、「個の確立した集団を育てる　ほめ言葉のシャワー　決定版」「価値語100ハンドブック①②」(以上　中村堂)など多数。

※2019年11月1日現在。

作文で読む　菊池学級の子どもたち

2019年12月1日　第1刷発行

著　／菊池省三
発行者／中村宏隆
発行所／株式会社　中村堂
　　　　〒104-0043　東京都中央区湊3-11-7
　　　　　　　　　　湊92ビル4F
　　　　Tel.03-5244-9939　Fax.03-5244-9938
　　　　ホームページ　http://www.nakadoh.com

印刷・製本／新日本印刷株式会社

Ⓒ Syozo Kikuchi 2019
◆定価はカバーに記載してあります。
◆乱丁・落丁の場合はお取り替えいたします。

ISBN978-4-907571-61-0

「菊池実践」を事実で示すシリーズ

動画で見る菊池学級の子どもたち
key word 菊池実践

動画で見て分かる教育書です。言葉で育った菊池学級の子どもたちの事実の姿を、動画で紹介します。DVDで、菊池学級の実際が分かります。書籍で、動画を徹底解説しています。

【著】菊池省三　【定価】本体 3,000 円＋税
DVD1 枚付き ISBN 978-4-907571-03-0

写真で見る菊池学級の子どもたち
key word 菊池実践

写真で見て分かる教育書です。菊池実践をつらぬく「価値語」の全貌を紹介します。161 点のカラー写真で、白い黒板、価値モデルのシャワーなど、菊池学級の実際が分かります。

【著】菊池省三　他　【定価】本体 3,000 円＋税
ISBN 978-4-907571-08-5

DVDで観る菊池学級の成長の事実
key word 菊池実践

2015 年 3 月 8 日菊池道場春祭りに参加した菊池学級 11 人の子どもたちの衝撃の姿を収録。アクティブ・ラーニングが目指すアクティブ・ラーナー（主体的学習者）の姿があります。

【著】菊池省三　他　定価　本体 5,000 円＋税
DVD2 枚付き ISBN 978-4-907571-25-2

人間を育てる　菊池道場流　作文の指導
key word 成長ノート

書くことで人間を育てる、新しい時代の作文指導です。菊池道場オリジナル実践「成長ノート」を詳しく解説しています。「菊池道場流 作文の指導」を大公開します。

【著】菊池省三　他　【定価】本体 2,000 円＋税
ISBN 978-4-907571-14-6